# 法藏知津

五編：佛教思想・文化・語言研究專輯

杜潔祥 主編

## 第 6 冊

### 宋代禪宗臨終偈研究（上）

姬天予 著

花木蘭文化出版社

國家圖書館出版品預行編目資料

宋代禪宗臨終偈研究（上）／姬天予 著—初版—新北市：
花木蘭文化出版社，2017〔民 106〕
序 2+ 目 6+150 面；19×26 公分
（法藏知津五編：佛教思想・文化・語言研究專輯　第 6 冊）
ISBN 978-986-404-066-7（精裝）
1. 偈詩 2. 詩評 3. 禪宗

030.8 　　　　　　　　　　　　　　　　103027167

ISBN-978-986-404-066-7

法藏知津五編：佛教思想・文化・語言研究專輯
五　編　第　六　冊　　　　ISBN：978-986-404-066-7

## 宋代禪宗臨終偈研究（上）

作　　者　姬天予
主　　編　杜潔祥
副總編輯　楊嘉樂
編　　輯　許郁翎
出　　版　花木蘭文化出版社
社　　長　高小娟
聯絡地址　235 新北市中和區中安街七二號十三樓
　　　　　電話：02-2923-1455／傳眞：02-2923-1452
網　　址　http://www.huamulan.tw 信箱 hml 810518@gmail.com
印　　刷　普羅文化出版廣告事業
初　　版　2017 年 3 月
定　　價　五編 25 冊（精裝）新台幣 48,000 元

# 宋代禪宗臨終偈研究（上）

姬天予　著

## 作者簡介

姬天予，祖籍河北省安國縣，1953 生於台灣省嘉義縣。中興大學中國文學系碩士，玄奘大學中國文學系博士，曾任玄奘大學、元培科技大學通識中心兼任講師，現任玄奘大學兼任助理教授。

## 提　要

　　生死事大，生死之感為古今人所共懷；生死哲學為古今哲學之所共重，宋代禪宗臨終偈對生死教育應有其意義。

　　中國的臨終詩作源遠流長，在中國詩歌歷史上的作品雖然不多，但因死亡的主題而占一席之地，且因時代的不同而各有特色。禪宗的臨終偈雖也是臨終之作，但因思想背景之不同，並不在中國臨終詩的基礎上發展，而呈現出禪宗臨終偈獨出一脈的特色。禪宗的臨終偈上承西方二十八祖，但禪宗到中國後，臨終偈的性質已經將西方祖師的傳法性質，轉而為對學人的最後教誨。東方祖師的第一首臨終偈為惠能創作，其後臨終偈在青原、南嶽兩系中蘊釀發展。禪宗五家先後成立，其中臨濟、曹洞、溈仰三家的開派祖師都有臨終偈傳世，這對臨終偈的發展當有莫大的鼓勵及示範作用。臨終偈至宋代而大盛，在內容上，禪宗以解脫生死為目的，所重者為參究自己的本來面目，故而在宋代禪宗臨終偈中，宣說法身之體性、闡明參究法身之方法，為宋代禪宗各宗派之所共。在生死哲理上，申寫色身無常，法身恆存的禪法，為宋代禪宗臨終偈之主要內容。在臨終偈的外在形式上，展現出宋代禪宗臨終偈特有的文學藝術風格。在臨終偈的內在敘事上，因著現實環境及各人的境遇不同，禪者在不同的死亡情況下，展現出隨緣歷境的生死解脫，以踐行禪者的生死智慧和生死美學。

　　凡所學問皆宜回饋生命，宋代禪宗臨終偈為中國文學之一環，願此一研究成果，除提供現代生死學之另一思路外，也能豐美現代人對生死的哲思。

# 自　序

　　生命歷程中，「死亡」曾一再奪走身邊的親友，握得再緊的手，也挽不住逝去的他們。因爲對死亡的無知，對生死的憂懼，心中常存苦空之感。

　　在玄奘大學中國文學系博士班就讀，有幸在羅老師宗濤的門下鑽仰學風。羅老師因著天予對生死的困惑、及對安頓生命的需要，慈悲的指撥一條研究方向，以合學術研究與性命參悟爲一，作爲天予安身立命的向上一路。

　　在論文寫作的過程中，深入整理有關宋代禪宗臨終偈的資料，感恩宋代禪宗臨終偈 119 位作者，他們在臨終時以偈辭世，臨終偈中或對眞如法身的契証、或對生死的豁達任運，諸般言說施設，均以身爲教，演說生死妙法。在代表人物的語錄中，統整禪師在生死哲理上的教誨，如親臨法堂，親聆謦欬。因此，論文的寫作也成爲慧命增長的歷程。

　　論文初成，感謝昭慧法師和熊琬老師的初審，提供了詳贍的審查意見。在博士論文口考時，感謝蔡榮婷老師、王開府老師、柯金虎老師、熊琬老師、羅宗濤老師，對本論文不足之處，提出許多精闢的見解，以及新的思考角度，這些都幫助本論文得以更周嚴完整，對本論文的深度和廣度，有莫大的裨益。

　　論文完稿後，感謝羅老師親書推薦函，也感謝花木蘭文化出版社，讓本論文得以順利出版。本論文的書寫，爲自我向生死的叩問，在法義論析上，確如在「劍刃上行，冰稜上走」，所幸在學術研究的目的上，是爲了探究問題、追求眞理，若本論文偶有所得，願爲學人之參照，而無可避免的缺誤，也可爲學人所補充糾謬。因此，本論文得失之處均以「佈髮掩泥」之衷誠，願能

在這個研究領域，奠下一個階段性的基礎，願在學人不斷研究的進程中，使宋代禪宗臨終偈的真實義越為彰顯，也為生死迫苦者提供一個解脫之道。

最後，我把這本書獻給敬愛的羅老師，也獻給在我寫作過程中，所有關心我、幫助我、鼓勵我的師長和親友。

姬天予謹誌於 2014 年 9 月

# 目

# 次

# 第一章 緒 論

## 第一節 研究動機與目的

　　人一代代的來去，宛若一波波的潮水，來不知所從，去不知所歸，富貴貧賤同歸一朽，黃粱、南柯皆爲一夢，死亡是無所逃於天地的必然。「死生亦大矣，豈不痛哉！」〔註1〕這是千古人類共通的悲感。達磨說：「縱有珍寶如山，眷屬如恆河沙，開眼即見，合眼還見嗎？」〔註2〕人生的所有，都會因著死亡的到來而失去，死亡成爲人生最爲首要，最爲切膚之痛的問題。

　　死亡是我們每個人都必須面對的問題，遠在印度佛陀時代，就以解決生死爲教。在中國的先秦，也已奠立儒家和道家不同的生死觀。歷代大儒對生死的看法雖然不一，但都指向對生死的克服和超越。近代西方有「生死學」的新興，〔註3〕國內生死學的研究，則是由已故學者傅偉勳教授自美國引進而

〔註1〕唐・房玄齡等，《晉書・王羲之傳》（北京：中華書局，1974年版），頁2009。

〔註2〕梁・菩提達磨說，《達磨大師血脈經》，收於《禪宗集成》1（臺北：藝文印書館，1968年版），頁4。

〔註3〕紐則誠、趙可式、胡文郁編著，《生死學》（台北：空中大學，2005年8月），頁4：傅偉勳所指的「死亡學」，是一門於1903年法籍俄國生物家梅欣尼可夫（Iliya Ilich Mechnikov1845～1916）所創始的學問，並於日後獲得1908年諾貝爾醫學獎。死亡學研究的對象，是「與死亡相關的行爲、思想、感受及現象」。它在1912年被美國醫師帕克（Roswell Park，18521914）引進美國，卻因爲令人產生宗教聯想而遭到學術界忽視。直到二次世界大戰以後，受到歐陸「存在主義哲學」傳播流行的影響，再加上全球性「自殺防治運動」興起，死亡學才逐漸從「悲傷」與「哀慟」的經驗性研究中樹立爲一門科學學科（紐則誠，2004a）。

肇其端。〔註4〕目前，在生死學的研究範疇，大致有十類：生死哲學、生死宗教、生命教育、生死社會學、生死心理學、生死禮儀、臨終關懷、悲傷輔導、自殺、生死管理等。近年來有關探討生死之書籍不僅繁多，有關生死學的研究也多見於論文、期刊之中，反映出人們對死亡真相的重視，以及內心對生命安頓的需求。在這些論文和期刊之中，有許多以佛教的生死觀進行研究，以作為生死關懷的進路。

　　佛教起源於印度迦毘羅衛國的悉達多・喬達摩，佛號釋迦牟尼，被視為世界三大宗教之一。釋迦牟尼佛為王子時，因為遊覽四個城門而覺悟到生、老、病、死之四苦，因而出家學佛，可知解脫生、老、病、死是佛教的根本精神所在。佛教雖有大乘和小乘之分，但同樣的都在對治生死。例如印順導師的治學特色是從論入手，他說：「因為論書，不論小乘、大乘，都要說明生死流轉的原因何在。知道生死的癥結所在，然後對治、突破，達到生死的寂滅。」〔註5〕可見對治生死為大小乘之所共。禪宗是大乘佛教，也是中國發展出來的佛教宗派，日本禪學大師鈴木大拙認為「禪宗凝聚了東方所有的哲學」，〔註6〕所以，以哲學來安頓生死，禪宗應該是一個殊勝的門徑。

　　中國禪宗始於南北朝的菩提達磨，興起於唐朝，至兩宋而宗門各立，弘傳至元明清，並遠播於韓國、日本，乃至歐美各國，廣受世人之欣賞、景仰與研究。以哲學的終極關懷來說，禪宗關心的是生死問題，禪師們每以「無常迅速，生死事大」來警惕學人。如達磨祖師說：「生死事大，不得空過。」〔註7〕五祖弘忍勉勵弟子出家修道，是要出「生死枷」。〔註8〕宋代提倡默照禪的宏智正覺禪師說：「參禪一段事，其實要脫生死，若脫生死不得，喚什

---

〔註4〕傅偉勳於 1993 年出版的《死亡的尊嚴與生命的尊嚴——從臨終精神醫學到現代生死學》一書中，他首先引介美國「死亡學」的研究與「死亡教育」的發展，並且更進一步結合「生」與「死」的探索課題，而提出「生死學」（Life-and-Death Studies），作為新的學科名稱，不但掀起國內探討生死學的熱潮，更使各大學院校相繼開設生死學相關的通識教育課程。

〔註5〕釋印順，《遊心法海六十年》（新竹：正聞出版社，2006 年），頁 39。

〔註6〕日・鈴木大拙，《通向禪學之路》（上海：上海古籍出版社，1989 年），頁 7：「在禪宗之中，有著東方民族，尤其是日本民族的哲學、宗教乃至人生全部的成果——或者可以直率地說——結晶。」。

〔註7〕梁・菩提達磨說，《達磨大師血脈論》，收入《禪宗集成》1（臺北：藝文印書館，1968 年版），頁 4。

〔註8〕唐・弘忍述，《最上乘論》，收入《禪宗集成》1（臺北：藝文印書館，1968 年版），頁 27。

麼作禪？」〔註9〕宋代提倡看話禪的大慧宗杲禪師也說：「若不把生死兩字貼在鼻間上作對治，則直待臘月三十日手忙腳亂，如落湯螃蟹時，方始知悔則遲也。」〔註10〕故知，參禪的目的就是在於了脫生死。

禪宗以生死為大事，而禪師臨終所作之偈，正為生死大事之際的遺教。雲門文偃〈遺誡〉中言：「夫先德順化，未有不留遺誡。至若世尊，將般涅槃，亦遺教敕。吾雖無先聖人之德，既忝育眾一方始盡，不可默而無示。」〔註11〕聖嚴法師在《公案100》中說：「許多禪師在臨終前也寫下辭世偈，表達當時的心境或期望對他人有所助益。由於是最後一句話、最終一個交代，影響力特別大，晚輩會牢牢記取，並努力實踐。」〔註12〕此外，近年西方生死學家也提出同樣的看法，美國生死學家蘿絲（E.Roee）《論死亡與瀕死》中認為「瀕死者能教育生者」，〔註13〕他說：「我認為瀕死者比任何人都強，能教導我們有關生命末期的焦慮、恐懼和希望。」〔註14〕他認為臨終者以自己的死亡為教，應是最動人、最具有說服力的典範。

生死學雖源於西方，但也應該反求於中國哲學思想。早在中國先秦的莊子與唐宋時代的禪師，已有脫塵離俗的生死觀。劉方認為：禪宗思想可以說是一種「行為藝術」或「實踐哲學」，〔註15〕禪宗的臨終偈，不僅是禪者以身證道的修為層次，也可以是我們躧步參學的楷模。因此，在生死學的研究上，宋代禪宗的臨終偈是生死哲學的瑰寶，藉由對宋代禪宗臨終偈的研究，以統整出宋代禪宗臨終偈的淵源和發展，以及宋代禪宗各宗派在臨終偈的書寫情況，並且進一步探討其中蘊涵的生死哲理和死亡美學。除此之外，也希望藉由對此一專題的研究，發掘出宋代禪宗臨終偈對當代生死學的意義和價值。

---

〔註 9〕宋·宗法等集成，《宏智正覺禪師廣錄》卷五《佛光大藏經》（高雄：佛光出版社，1994 年 12 月），頁 292。

〔註10〕宋·雪峰蘊聞編，《大慧禪師語錄》卷二十《佛光大藏經》，頁 400。

〔註11〕宋·守堅集，《雲門匡真禪師廣錄》《古尊宿語錄》，收入《禪宗集成》12（臺北：藝文印書館，1968 年），頁 7545。

〔註12〕聖嚴法師，《公案100》（臺北：法鼓文化，2005 年），頁 245。

〔註13〕美·蘿絲，謝文斌譯，《論死亡與瀕死》（臺北：牧牛出版社，1979 年），頁 12。

〔註14〕美·蘿絲，謝文斌譯，《論死亡與瀕死》，頁 12。

〔註15〕劉方，《中國禪宗美學的思想發生與歷史演變》（北京：人民出版社，2010 年 4 月），頁 14。

## 第二節　以往研究之成果與檢討

　　近年來，有許多對佛教的生死觀進行研究的論文，例如周鶴庭的《佛教的生死觀——從天台智顗的心靈哲學看生死解脫》〔註16〕、黃翠侶的《大乘起信論生死觀之研究》〔註17〕、李明勳的《宋代居士生死觀之現代意義——以《淨土聖賢錄》為主的考察》〔註18〕、陳嫺徽的《佛教教義的生死關照之研究》〔註19〕、曾長安的《佛教生死觀研究——以《涅槃經》為中心之探討》〔註20〕、釋天福的《老年佛教徒的生死觀之研究——以彌陀淨土信仰為例》〔註21〕、黃瑞凱的《初期佛教生死觀之哲理試探——以緣起理論為核心之探索》〔註22〕、黃齡瑩的《雜阿含經的生死觀》〔註23〕等。這些論文多以佛教中不同的研究主題，去探究其研究主題中的生死觀，並回饋到生命的問題，是一種不但能求一己之安身立命、進而能夠自立立他的學問。

　　在禪宗的研究上，一些研究禪宗的論文，多從禪宗語句文法〔註24〕、禪宗的心性論〔註25〕、禪宗思想及宗派源流〔註26〕、禪宗美學〔註27〕、禪宗教

---

〔註16〕周鶴庭，《佛教的生死觀——從天台智顗的心靈哲學看生死解脫》（南華大學哲學研究所碩士論文，2007年）。

〔註17〕黃翠侶，《大乘起信論生死觀之研究》（南華大學哲學研究所碩士論文，2010年）。

〔註18〕李明勳，《宋代居士生死觀之現代意義——以《淨土聖賢錄》為主的考察》（南華大學生死學研究所碩士論文，2008年）。

〔註19〕陳嫺徽，《佛教教義的生死關照之研究》（高雄師範大學回流中文碩士班論文，2008年）。

〔註20〕曾長安，《佛教生死觀研究——以《涅槃經》為中心之探討》（南華大學哲學研究所碩士論文，2006年）。

〔註21〕釋天福，《老年佛教徒的生死觀之研究——以彌陀淨土信仰為例》（南華大學生死學研究所碩士論文，2005年）。

〔註22〕黃瑞凱，《初期佛教生死觀之哲理試探——以緣起理論為核心之探索》（南華大學生死學研究所碩士論文，2004年）。

〔註23〕黃齡瑩，《雜阿含經的生死觀》（南華大學生死學研究所碩士論文，2002年）。

〔註24〕此類論文有：郭維茹《句末助詞「來」、「去」：禪宗語錄之情態體系研究》（臺灣大學88年中國文學碩士論文）；林彥宏《超越性與歷史性——禪宗「不立文字」的語言結構及意蘊》（南華大學89年文學研究所碩士論文）；具熙卿《宋代禪宗語錄被動式語法研究——以被字句、為字句為例》（國立政治大學86年中國文學系碩士論文）；郝慰光《唐朝禪宗語錄語法分析》（輔仁大學74年語言學研究所碩士論文）等。

〔註25〕此類論文有：彭德清《禪宗心性思想之探討》（玄奘大學宗教學系96年碩士論文）。

育〔註 28〕等方面進行研究。對禪宗的生死觀方面的專論,到目前為止,有邱淑美的《六祖壇經的生死哲學及養生觀》〔註 29〕。邱淑美主要是闡發惠能「無相頌」的思想,說明修學「禪學」能增加人心境之穩定,促進思慮之統一,更能運用在各個管理思想與創新、創造,有助於個人生活與企業管理。

有關禪宗臨終偈的研究,在博士論文方面有黃瑩的《生的極限與超越──先秦至宋代臨終詩研究》〔註 30〕,黃瑩詳備的蒐集各朝代臨終詩作,各依其朝代、作者,及作品的內容分類。在宋代禪宗臨終偈方面,黃瑩從《全宋詩》、《全宋詩訂補》、《全宋詩訂補稿》為主要資料來源,在寫作時間、詩體形式、寫作特點,及偈中所用的意象,有深入精確的論說,是一篇極具參考價值的論文。

有關禪宗臨終書寫或臨終偈的研究,在碩士論文方面有唐盛德的《佛教中的生死觀探究──以宋代禪師臨終偈、藏傳佛教《西藏度亡經》為重心》,〔註 31〕以及丁國智的《宋代絕命詩研究》。〔註 32〕唐盛德通過對宋代禪師的臨

〔註 26〕 此類論文有:林綉亭《禪宗牧牛主題研究》(玄奘大學中國文學系 100 年博士論文);劉宏斌《禪宗「不二觀」的深層意蘊及宗教實踐意含的詮釋》(南華大學哲學系 97 年碩士論文);白金銑《唐代禪宗懺悔思想研究》(臺灣師範大學國文所 96 年博士論文);高毓婷《禪宗心識思想研究──以唐代為中心》(臺灣師範大學國文學系 94 年博士論文);葉國泰《六祖慧能思想對禪宗興革探微》(玄奘大學宗教哲學研究所 93 碩士論文);黃連忠《禪宗公案體相用思想之研究──以《景德傳燈錄》為中心》(臺灣師範大學國文研究所 88 年博士論文)等。

〔註 27〕 此類論文有:殷黃明綢《唐代禪宗對書法的影響》(華梵大學東方人文思想研究所 96 年碩士論文);張德馨《禪宗美學特質應用在書畫上之創作》(臺北市立師範學院視覺藝術研究所 93 年碩士論文);曾議漢《禪宗美學研究》(中國文化大學中國文學研究所 92 年博士論文)等。

〔註 28〕 此類論文有:王瑞宏《在「說」與「不說」之間:禪宗之教學理念》(國立東華大學課程設計與潛能開發學系 101 年碩士論文);莊幼玲《禪宗自覺觀融入國小生命教育之行動研究》(國立屏東教育大學社會科教育學系 100 年碩士論文);蔡秋月《禪宗棒喝教學及其現代意義》(世新大學中國文學研究所 97 年碩士論文);楊馨綺《禪宗教育思想及其實踐之哲學研究》(南華大學哲學研究所 91 年碩士論文);蔡金濤《禪宗的教育思想與實施》(文化大學哲學研究所 55 年碩士論文)等。

〔註 29〕 邱淑美,《六祖壇經的生死哲學及養生觀》(東海大學哲學研究所碩士論文,2007 年)。

〔註 30〕 黃瑩,《生的極限與超越──先秦至宋代臨終詩研究》(南京師範大學中國古代文學博士學位論文,2011 年)。

〔註 31〕 唐盛德,《佛教中的生死觀探究──以宋代禪師臨終偈、藏傳佛教《西藏度

終偈，以及藏傳佛教和《西藏度亡經》關於生死的理解和分析，進一步探討生死問題。丁國智以宋代絕命詩的書寫情境，並以思想超越為主軸，討論宋代的思想與宗教在絕命詩之中表現的思想超越、藝術風格，闡述宋代的絕命詩在思想上以及文學上的拓展。

　　以上三篇論文的範圍，在時間上，無論所跨為多個年代，或範圍僅在一個朝代，其探討的內容上，並沒有僅限於宋代禪宗的臨終偈，而是將宋代禪宗臨終偈的研究，作為其論文研究中的一個部分。所以，在宋代禪宗臨終偈的研究上，將宋代禪宗臨終偈作一深入的專題研究，當為一個值得嘗試的方向。

　　在期刊方面，蔡榮婷有〈《祖堂集》死亡書寫研究 —— 以佛陀與西土祖師為核心〉〔註33〕，及〈《祖堂集》死亡書寫研究 —— 以東土祖師為核心〉〔註34〕，兩篇論文所論為《祖堂集》中禪師的死亡書寫。《祖堂集》成書於南唐保大十年（952），書中內容雖未論及宋代的禪師，但這兩篇期刊的內容及架構，對本論文的書寫有重大之啟示及影響。除此之外，其他期刊有僅是部分涉及的如：龍晦的〈說偈子〉〔註35〕、劉劍鋒的〈禪宗如何看待生死問題 —— 生死之間悠然自得〉〔註36〕、吳正榮的〈宗杲「大生死觀」的意蘊辨述〉〔註37〕等。

　　期刊有通篇論述者，如楊東甫的〈宋代僧詩中的臨終偈頌〉〔註38〕，在此篇期刊中，大致論述宋代僧詩中的臨終偈頌，在論及禪師的年齡上舉例 17 人，在臨終偈的內容上舉例約 26 人，全篇三千餘字，對宋代禪宗臨終偈有精簡的概述，可以呈現出宋代禪宗臨終偈的發展大勢，但對宋代禪宗臨終偈的背景及內蘊等，尚未作更深入的探討。

　　亡經》為重心》（玄奘大學中國文學系碩士論文，2009 年）。

〔註32〕丁國智，《宋代絕命詩研究》（淡江大學中國文學系碩士論文，2009 年）。

〔註33〕蔡榮婷，〈《祖堂集》死亡書寫研究 以佛陀與西土祖師為核心〉，《東華漢學》第 14 期（2011 年 12 月）。

〔註34〕蔡榮婷，〈《祖堂集》死亡書寫研究——以東土祖師為核心〉，《玄奘佛學研究》第 18 期（2012 年 9 月）。

〔註35〕龍晦，〈說偈子〉《普門學報》第 25 期（2005 年 1 月）。

〔註36〕劉劍鋒，〈禪宗如何看待生死問題 —— 生死之間悠然自得〉《中國宗教》第 7 期（2005 年）。

〔註37〕吳正榮，〈宗杲「大生死觀」的意蘊辨述〉《雲南農業大學學報》第 3 期（2010 年 6 月）。

〔註38〕楊東甫，〈宋代僧詩中的臨終偈頌〉《閱讀與寫作》第 3 期（2010 年）。

從上述資料的整理中，可以發現在宋代禪宗臨終偈的研究上，尚無有關宋代禪宗臨終偈的專論出現，雖然學術界對宋代禪宗的臨終偈已經有所關注，但在開拓的廣度和深度上，只是一個很扎實的起步，在宋代禪宗臨終偈的研究方面，還有很大的拓展空間。

# 第三節　研究範圍與研究方法

## 一、宋代禪宗臨終偈的範圍

對於「宋代禪宗臨終偈」的範圍，可以就「宋代」、「禪宗」、「臨終偈」三方面作定義的釐訂。

### （一）「宋代」

兩漢之際，印度佛教輾轉傳入中國，到了兩晉南北朝，佛教開始在社會上廣泛傳播。到了隋唐，佛教開始出現宗派，禪宗在繼承魏晉南北朝佛教發展的成果下形成。在唐代到五代的百餘年間，從南嶽和青原兩系衍生出禪宗五家。到了宋代，從臨濟宗又分成黃龍派和楊岐派，禪宗於是開枝散葉盛行於兩宋。因此，對禪宗的研究，「宋代」是極具有研究價值的朝代。

在「宋代」的定義上，本論文有三個限定條件：

1. 在時間的長度上，宋朝始於西元 960 年，至 1279 年亡於元朝，計 320 年。歷史上的這個朝代，由於政治因素，造成首都及疆域的變遷，可再分為 960 年至 1127 年的北宋、和 1127 年至 1279 年的南宋，北宋與南宋，合稱兩宋。在這段時間中，有關禪宗之臨終偈，即為本論文之研究範圍。

2. 在朝代的轉移中，詩人會有跨越朝代的情形。宋代之前有五代十國，宋代亡後進入元代，本論文的研究對象，在於詩人的生卒年，能夠涵蓋在宋代起迄年，例如釋志端（892～969），其卒年涵蓋在宋的起始年（960），又如釋原妙（1238～1295），其生年涵蓋在在宋的迄止年（1279）。

3. 在空間的廣度上，和宋代先後的鄰邦有高麗、遼（907～1125）、金（1115～1234）、西夏（1038～1223）、元（1260～1368）。詩人身分若為宋朝人，而因某種原因離開宋朝國土，諸如滕茂實（？～1128）、黃燁（？～1127）、朱宮人等人，此類宋人在異域的臨終詩作，其思想雖不在禪宗範圍，但在論文研究之延伸上，也列入本論文的研究範圍中。

## （二）禪　宗

在禪宗的發展上，禪宗在唐代時，僅僅是佛教宗派中的一個宗派，到了宋代，佛教諸派日趨衰落，唯有禪宗保持著長足的發展。禪宗在思想上，強調明心見性，要人自證自悟，以求生死的解脫。因此，在生死解脫上，宋代的「禪宗」是一個重要的研究課題。

本論文所研究之臨終偈，以禪宗思想爲主，故而在資料的蒐集上，注重作者身分及禪宗思想之闡發。

1. 作者和臨終作品在《全宋詩》中，作者身分亦在《景德傳燈錄》、《天聖廣燈錄》、《建中靖國續燈錄》、《聯燈會要》、《嘉泰普燈錄》、《五燈會元》、《禪林僧寶傳》、《錦江禪燈》等有關書籍中，明確爲禪宗宗派之禪師，如法眼宗之釋遇安 1 人；臨濟宗之釋省念、王隨、楊億、釋谷泉、釋省回、源禪師、釋淨端、釋眞如、釋慧素、釋道瓊等 10 人；曹洞宗之釋警玄、釋道楷、釋正覺、釋景深、釋智朋、齊禪師、釋如淨等 7 人；雲門宗之釋雲豁、釋曉聰、釋義懷、釋倚遇、釋法泉、釋法明、楊傑、釋祖鏡、釋廣燈、尼法海等 10 人；臨濟宗黃龍派之釋慧南、釋克文、釋慧元、釋慶閑、慧日庵主、釋悟新、張商英、釋從悅、釋普交、釋系南、釋梵卿、釋守卓、釋淨曇、妙普庵主、釋法一、釋道震、釋咸靜、釋宗印、釋祖珍、釋智策、釋宗回等 21 人；臨濟宗楊岐派之釋道初、釋清素、釋慧遠、李彌遜、釋智才、釋士珪、釋法忠、釋道行、釋世奇、馮楫、釋師體、釋淵、釋宗杲、釋鼎需、釋印肅、釋葛郯、釋道濟、釋師觀、釋慧開、釋普濟、釋祖先、釋崇嶽、釋慧性、釋師範、釋道沖、釋智愚、釋普度、釋原妙等 28 人，如此法脈明確有據，爲本論文研究之範圍者，共計 77 人。〔註 39〕

2. 作者和作品在《全宋詩》中，作者身分未在《景德傳燈錄》、《天聖廣燈錄》、《建中靖國續燈錄》、《聯燈會要》、《嘉泰普燈錄》、《五燈會元》、《禪林僧寶傳》、《錦江禪燈》等書籍中，則從相關資料確定其禪師身分，如智孜〔註40〕、儼和尚〔註41〕、釋慧昌〔註42〕、釋淨如〔註43〕、釋妙印〔註44〕、釋宗本

---

〔註39〕見〈附錄一〉宗派一列中，分別註明作者所屬之宗派。

〔註40〕北京大學古文獻研究所編傅璇琮等主編，《全宋詩》一（北京：北京大學出版社，2003 年），頁 9055：又稱「禪鑑大師」。

〔註41〕《全宋詩》一，頁 10686：一相傳爲杯渡禪師之裔。

〔註42〕《全宋詩》二十二，頁 10985：卒業廬山羅漢院小南禪院。

〔註43〕事見《金文最》卷一一零《長清靈巖寺妙空禪師塔銘》。

〔註45〕、釋元聰〔註46〕、釋法柞〔註47〕、清溪沅禪師、釋淨元〔註48〕，如此類之作，作者「禪師」身分明確有據者共有 10 人，亦列爲本論文研究之範圍。

3. 作者和作品在《全宋詩》中，作者身分爲青原下七世者有釋玄應〈偈〉、釋清豁〈過三嶺苧溪〉，而其他未能從相關資料確定其爲修禪者，但其臨終之作能闡發禪宗思想者，有釋自在〈化前題壁〉、釋知愼〈和東坡〉、釋顯嵩〈臨終頌〉、張宗旦〈絕命偈〉、釋了證〈辭眾頌〉、晏和尚〈臨終偈〉、米芾〈臨化偈〉、卭州僧〈臨刑口占〉、釋子深〈臨終偈〉、釋寶曇〈辭世頌〉、釋法慈〈臨終頌〉、釋德輝〈辭世偈〉、王梾〈臨終詩〉、釋普濟〈臨終偈〉、釋文雅〈臨終偈〉、釋淨眞〈呈安撫使趙端明〉、王老者〈豆腐詩〉、釋法照〈辭世偈〉、趙希彭〈絕命偈〉、釋文頎〈臨終書偈〉、釋行元〈辭世偈〉、淨慈東叟〈辭世頌〉、李智遠〈今朝〉、僧義翔〈偈〉、如禪師〈答嵩禪師〉等 27 人，本論文亦擇入爲研究範圍。以上《全宋詩》臨終偈作者共計 114 人，本論文中之各項列表以此爲據。

4. 作者或作品未在《全宋詩》中，而作者身分在《景德傳燈錄》、《五燈會元》、《禪林僧寶傳》等有關書籍中，其身分在禪宗的發展史中占有重要地位，並有臨終偈者如釋承古、釋契嵩、李遵勗、釋法秀、釋紹隆等五人，本論文亦擇入爲研究範圍，將此五人列於宗派之代表人物中加以論述。

以上四類共計 119 人。

### （三）臨終偈

禪宗視生死如夢幻，而宣說自性本不生滅、本無來去的哲理。禪者臨終以偈辭世，偈中多有生死無別，主張隨緣任運以解脫生死，故而臨終偈可爲安頓生死之研究重點。對「臨終偈」之定義，可以將「臨終」及「偈」分別定義：

### 1. 臨　終

對於「臨終偈」的研究，首先要解決的便是「臨終」的界定問題。「臨」

---

〔註44〕事見《柳堂外集》卷四之〈石霜竹虛印禪師塔銘〉。
〔註45〕事見《梁谿集》卷一三三《邵武君泰寧縣瑞光丹霞禪院記》。
〔註46〕事見《後樂集》卷十八〈徑山蒙佛智禪師塔銘〉。
〔註47〕事見《太平府治》三十四諡明極禪師。
〔註48〕北宋・何薳撰：《春渚紀聞》卷四（北京：中華書局，2007 年）頁 45：「祝髮即爲禪比邱」

有多義，〔註49〕本論文臨終之「臨」乃「瀕」「當」之意。「終」有多義，〔註
50〕本論文臨終之「終」，乃人之「死亡」之意。在醫學界，從文獻上看，對於
臨終時限，世界上尚無統一的界定標準，〔註51〕現代生死學中對死亡的定義
是指死亡或終止存活的過程，〔註52〕「臨終」乃指人的生命面臨死亡、即將
死亡的階段。黃瑩界定為：「臨終詩是詩人在意識到生命即將結束時創作的詩
歌。」〔註53〕故而「臨終」詩，即是在這生命面臨死亡、即將死亡的階段，
所寫下自己對生命死亡有感的詩作。本論文對宋代禪宗的「臨終」偈所蒐集
的條件如下：

（1）題目與臨終有直接關聯者：以《全宋詩》臨終偈為例，詩題有「臨
終」之意者如〈臨終偈〉、〈辭眾偈〉、〈辭世頌〉、〈臨終頌〉、〈辭世偈〉、〈遺
偈〉、〈示寂偈〉、〈臨寂偈〉、〈投海偈〉、〈臨終示寂〉、〈示寂頌〉、〈臨終辭眾
偈〉、〈辭世〉、〈臨終書偈〉等，並確為臨終所作者。

（2）題目雖與臨終無直接關聯，但在內容上是臨終之詩作。宋人臨終之
作多僅以〈偈〉為題者，例如釋志端、釋省念、釋谷泉、釋義懷等人臨終之
作以〈偈〉為題；又如釋警玄的〈寄侍郎王曙〉、釋倚遇的〈遺徐禧〉、釋知
愼的〈和東坡〉、釋道瓊的〈寄弟子慧山偈〉等，題目雖然是贈人之作，但在
內容上則屬於臨終的辭別或交代。

（3）「臨終」偈雖意味著書寫的時間，是在作者臨終的階段，但在事實
上，死亡的事件並未如作者預期的發生。像這類的作品，丁國智認為：在詩
人創作的當下，詩人的思考中「即將死亡」是真實的，所以就作品而言，詩
人後來的存歿對作品並無影響，而將其認定的絕命詩是：「個人生之過程中面

---

〔註49〕有「視」義，如《詩經・大雅》「上帝臨女，無貳爾心」；有「眾哭」義，如
《左傳・宣十二年》「楚子圍鄭，旬有七日，鄭人卜行成不吉，卜臨於大宮」
注「臨，哭也」，顏師古曰「眾哭曰臨」。

〔註50〕有結局之意，如《詩經・大雅》「靡不有初，鮮克有終」；有窮盡之意，如《左
傳・僖二十四年》「女德無極，婦怨無終」等。

〔註51〕黃瑩，《生的極限與超越──先秦至宋代臨終詩研究》，頁2：各個國家都有
自己的觀點，美國將臨終定于病人已無治療意義，估計只能存活6個月以內；
在日本，以病人只有2個月至6個月存活時間為終末階段；但有的調查資料
表示，衛生界中約81.38%的人認為臨終時限應視病情而定。科學研究表明，
臨終時限可因死因病情不同而各異。

〔註52〕紐則誠、趙可式胡、文郁著，《生死學》（臺北：空中大學，2005年），頁
57。

〔註53〕黃瑩，《生的極限與超越──先秦至宋代臨終詩研究》，頁2。

對內心認為即將要真實發生的死亡事件所進行的詩歌創作。」〔註54〕本論文
採取此一論點，故而在詩人臨終詩作之後，雖並未如作者預期的死亡，其作
品也納入本論文的研究範圍，如妙普庵主的〈偈三首〉的第一首，以及釋淨
元的〈投海偈〉二首。

### 2、偈

在本論文的論述中，「偈」取梵語「偈陀」之義。「偈」的梵語 Gatha，音
譯作「伽陀」、「偈他」，即詩、頌。

佛經依照其文章類型分成 12 種，〔註55〕又稱十二分教、十二部經、十二
分聖教。其中的「應頌」即是以偈頌重複闡釋長行所說之教法，「諷頌」為偈
頌單獨存在之經文。所以，「偈頌」是佛經表達的一種方式。在經論中，通常
有以詩句的形式來表示佛教思想，這即是「偈」，或「偈頌」。此中最明顯的，
莫如龍樹的《中論》，及世親的《唯識三十頌》。〔註56〕

禪宗的偈頌，有歷史的傳承。齊己曾作序：「禪門所傳偈頌，自二十八祖止
於六祖，已降則亡厥。後諸方老宿亦多為之，蓋以吟暢玄旨也，非格外之學，
莫將以名句擬議矣。洎咸通初有新豐白崖二大師所作，多流散於禪林。雖體同
於詩，厥旨非詩也。」〔註57〕從齊己的序中，可知禪門偈頌的發展源自西天二
十八祖，而從形式和內容上看，偈頌體同於詩，但內容則為宗教性質。唐代以
後，僧人所作的偈頌已漸趨於詩律化，偈和詩有時很難嚴格區分。周裕鍇認為，
偈頌實際上就是宗門的詩歌，主要用於明心見性，開悟示法。〔註58〕

本論文禪宗臨終偈作者 114 人，有偈 123 首，題目的最後一字以「偈」「頌」

---

〔註54〕丁國智，《宋代絕命詩研究》，頁 11。
〔註55〕十二分教為：1. 契經又作長行，為以散文直接記載佛之教法。2. 應頌又稱
　　　　重頌，為與契經相應，即是以偈頌重複闡釋長行所說之教法。3. 記別又作
　　　　授記，為佛對眾生之未來所作的證言。4. 諷頌（梵文，音譯伽陀），又作孤
　　　　起頌。全部經文皆以偈頌體來記載佛之教說。此與「應頌」不同，應頌是重
　　　　述長行的經文之義，而孤起頌則無長行，為偈頌單獨存在之經文。5. 自說
　　　　為佛未待他人問法，而自行開示之教說。6. 因緣，記載佛說法教化之因緣。
　　　　7. 譬喻，以譬喻宣說法義。8. 本事，載「本生」以外之佛與弟子過去生之
　　　　行證。9. 本生，載佛過去生修行之種種大悲行。10. 方廣，宣說廣大深奧之
　　　　教義。11. 希法，又作未曾有法。載佛及諸弟子稀有之事。12. 論議，載佛
　　　　論議抉擇諸法體性，分別明瞭其義。
〔註56〕吳汝鈞，《佛教思想大辭典》（台灣：商務印書館，1994 年 5 月），頁 417。
〔註57〕唐・齊己，《龍牙和尚偈頌》《禪門諸祖師偈頌》第 1 卷《電子佛典集成》卍
　　　　續藏（X），第 66 冊，No.1298，第 1 卷。
〔註58〕周裕鍇，《禪宗語言》（杭州：浙江人民出版社，1999 年 12 月），頁 94～95。

為名者多達 108 首，未以「偈」「頌」為題者，也是禪者申寫其生死哲理、自我之證境或解脫自在，故以「偈」涵括宋代禪宗臨終詩歌創作之詩體。

## 二、研究方法

### （一）蒐集資料

在研究方法上，首先對文本進行檢索。本論文的資料蒐集以《全宋詩》為主要依據。《全宋詩》是北京大學古籍所編的宋朝詩歌總集，由傅璇琮主編，凡 72 冊，3785 卷，收九千餘人詩作，對宋代詩有全面的蒐集，是目前所見最為完整的宋代詩集。除了《全宋詩》之外，禪宗的燈錄也是重要的資料蒐集的範圍，例如《景德傳燈錄》、《天聖廣燈錄》、《建中靖國續燈錄》、《聯燈會要》、《嘉泰普燈錄》、《五燈會元》、《禪林僧寶傳》、《錦江禪燈》等，以補《全宋詩》在宋代禪宗臨終偈之闕遺。

在宋代禪宗臨終偈的資料蒐集後，對《全宋詩》中的臨終偈誤收漏收的作品進行訂補。例如《全宋詩》誤收入晚唐僧人釋從朗的〈歸寂頌〉，釋從朗是趙州東院從諗禪師（778～897）法嗣，《全唐詩補編》收錄此偈，題名〈將歸寂有偈〉。又如釋正覺臨終所作之〈偈〉，被誤植於《全宋詩》三十一冊 20044 頁，置於釋守淨的作品中。又如釋承古、釋契嵩、李遵勗、釋法秀、釋紹隆等五人，在禪宗歷史上佔有重要地位，臨終偈見於相關燈錄中，而《全宋詩》闕而未收者，本論文也納為研究範圍。

### （二）比較分析法

在蒐集資料後，將中國歷史上的臨終詩，和西方二十八祖師的付法偈作一整理，以比較分析法研究宋代禪宗臨終偈的淵源。為求對臨終偈作進一步的了解，本文也蒐集儒家、道家及道教的臨終詩作，以了解宋代臨終詩整體的發展大勢，及禪宗臨終偈在當代的情況。在宋代禪宗臨終偈的研究上，本文對宋代臨終偈之作者身分、時代、宗派等進行分類，並採用列表方式，統計所整理的資料列表，以比較分析法，來呈現宋代禪宗臨終偈在中國文化中的發展狀況、及宋代禪宗各宗派臨終偈發展的內質。

### （三）類型學方法

類型學是利用「類型」的概念進行分類研究的一門學問和方法。例如本文第三章討論宋代臨終偈書寫之背景，將書寫過程依據「預知時至」、「臨終

行儀」、「死亡原因」、「死亡姿勢」、「遺體處理」五個主題來描述宋代禪師的
臨終過程。本文第九章（各種題目、詩體、意象、風格、辭世年齡等）、及第
十章（各家生死哲理、禪宗生死哲學、禪宗生死美學）亦以此類型學方法，
將章節中不同的主題加以分類，透過描述而呈現其類型，並詮釋其內質，以
掌握宋代禪宗臨終偈在形式、敘事以及生死哲理、美學的意義。

### （四）宏觀研究和微觀研究的統合

在禪宗臨終偈研究的另一個重要方面，就是宏觀研究和微觀研究的統
合。在宏觀方面，儘可能詳盡掌握資料，在詳實辨析考證的基礎上，通過微
觀的分析和對禪師個案的深入研究，來歸納宋代禪宗臨終偈代表人物的生死
哲理，並探討其源流、深入其內蘊，對其個案意義、價值、啟示，作多角度
的挖掘和研究。進而對諸多個案加以研究分析、以縝密的邏輯推理，切入宋
代禪宗臨終偈的思想核心，以發掘其思想核心深層之內蘊。

除了以上的研究方法之外，在書寫態度上，由於西方生死學的論著不斷
傳入，欲將宋代禪宗臨終偈的生死哲思，提供現代生死學的另一視角，豐富
現代生死學的內涵，也是本論文的嘗試之一。但本論文之寫作，並不試圖將
宋代禪宗臨終偈的生死思想，作為當代西方某些生死思想的古代體現。為此，
本論文之撰寫，嚴謹掌握文獻，避免以今訓古，強加附會的蔽病，以如實呈
現宋代禪宗臨終偈的核心要旨。

## 第四節　論文之架構

本論文一共分成十一章，各個章節都有其規劃的理由及所負的任務。

第一章：總明論文書寫之動機與目的、檢討以往研究之成果，釐定研究
範圍及決定研究之方法，並對論文之章節排佈，作一概略扼要之說明。

第二章：禪宗的臨終之作，遠承西方二十八之祖，東土歷代祖師大德間
或有作，而至宋代已蔚然成風。本論文在第二章，將中國臨終詩、禪宗臨終
偈的淵源各作一整理，以明兩者發展之濫觴，演變之過程，及在宋代發展之
情形。

第三章：在宋代禪宗臨終偈書寫之背景上，先闡述禪宗之起源以及禪宗
在隋、唐、宋代的發展，並探析宋代禪宗臨終偈書寫分期、作者身分、宋代
禪宗臨終偈的書寫歷程，以期對宋代禪宗臨終偈的書寫背景及歷程，作一有

系統的整理。

從第四章到第八章，分別研究宋代臨濟宗、曹洞宗、雲門宗、臨濟宗黃龍派、臨濟宗楊岐派的臨終偈。在宗派和代表人物的前後次序上，以《五燈會元》為據。在對代表人物的研究上，羅師宗濤認為：

> 臨終詩是禪師在生死關頭，對生命的體認。我們固然可以直接從這些短章來思索其中意蘊。但如果能先認識他們生平的修為過程，以及禪悟的境界；再來參他們在世最後的一首偈頌，體會應該更為豐富而深刻。〔註59〕

因此，本論文選取禪師和居士共三十人，在代表人物之選擇方面，以其身分的顯要、所遺留下的文字記錄完整豐富、在生死哲學上具有代表性為考量。在禪師方面，本論文以其生平、生死哲理、臨終偈三個方面來論析；在居士方面，本論文以其生平、參禪經過、臨終偈三個方面來陳寫。從禪者的生平，了解他們為了脫生死的修行過程；從禪者的生死哲理，可以看出他們教導門人如何解脫生死；從禪者臨終偈的書寫，來說明禪者對學人最後教誨的內容。透過對這些宋代禪宗代表人物的研究，可以發掘出他們生死哲學中的意義和啟示。除此之外，再從各宗派臨終偈的內容中，總結出這些臨終偈的核心思想。

第四章：臨濟宗之成立及發展，並以首山省念、李遵勗、楊億三人為代表人物。

第五章：曹洞宗之成立及發展，並以大陽警玄、芙蓉道楷、宏智正覺、天童如淨四人為代表人物。

第六章：雲門宗之成立及發展，並以薦福承古、洞山曉聰、佛日契嵩、天衣義懷、法昌倚遇、法雲法秀六人為代表人物。

第七章：臨濟宗黃龍派之成立及發展，並以黃龍慧南、真淨克文、死心悟新、兜率從悅、張商英五人為代表人物。

第八章：臨濟宗楊岐派之成立及發展，並以佛海慧遠、月林師觀、無門慧開三人為代表人物；楊岐派大慧宗杲法系之臨終偈，以大慧宗杲、懶庵鼎需、大川普濟三人為代表人物；楊岐派虎丘紹隆法系之臨終偈，以虎丘紹隆、松源崇嶽、無準師範、癡絕道沖、虛堂智愚、高峰原妙六人為代表人物。

---

〔註59〕羅宗濤，〈全宋詩禪僧詩偈頌贊之考察〉，《玄奘人文學報》，第4期，民國94年2月，頁147。

　　第九章：分爲兩個研究面向，即外在形式和內在敘事兩方面。在外在形式上，統整出宋代禪宗臨終偈六個寫作特色；在內在敘事上，整理出宋代禪宗臨終偈六個敘事內涵。通過宋代禪宗臨終偈的形式特色及敘事內涵，呈現出宋代禪宗臨終偈的大致風貌。

　　第十章：以宋代禪宗臨終偈的生死哲學和生死美學兩方面，來探討宋代禪宗臨終偈在哲學和美學的深度表現。

　　第十一章：爲本論文之總結，在總結中，總述宋代禪宗臨終偈的價值，以及對現代生死學的回饋。

# 第二章 宋代禪宗臨終偈之淵源

　　臨終詩在中國的發展淵遠流長，遠在先秦即有臨終詩的創作出現。禪宗臨終偈的淵源，更可以追溯到七佛及西天二十八祖。本章論文從中國的臨終詩、七佛及西天二十八祖付法偈的歷史發展中，統整出中國禪宗臨終偈在發展中的轉變及獨特的價值，並說明中國禪宗臨終偈在宋代之前的發展情況。

## 第一節　臨終詩在中國的歷史發展

　　臨終詩在中國的歷史發展，依年代分作先秦、漢魏晉南北朝、隋唐五代、宋代四個時期，以下將分別論述中國臨終詩從先秦到宋代的發展情況。

## 一、先　秦

　　臨終詩在中國文化的發展中，先秦是臨終詩發展之濫觴。臨終詩在此一時期的發展，據黃瑩的統計作者 6 人，創作有 7 首。分別為伯夷、叔齊的〈采薇歌〉、孔子的〈曳杖歌〉、荊軻的〈荊軻歌〉、息夫人的〈大車〉、屈原的〈懷沙〉、〈悲回風〉、〈惜往日〉。〔註1〕

　　在這七首臨終詩的年代上，伯夷、叔齊的〈采薇歌〉，寫於武王伐紂之後，他們因義不食周粟，隱于首陽山采薇而食，是他們餓甚將死時所作的詩歌。若以此為據，則伯夷、叔齊的〈采薇歌〉應該是中國歷史上最早的一首臨終詩。孔子的〈曳杖歌〉見於《禮記‧檀弓上》〔註2〕及《史記‧孔子世

---

〔註1〕黃瑩，《生的極限與超越——先秦至宋代臨終詩研究》，頁34。
〔註2〕清‧孫希旦撰，《禮記集解》（臺北：文史哲出版社，1976年10月再版），頁

家》〔註3〕兩書，由兩書記載可知，孔子因夢見自己行殷代之喪禮，感喟著自己將要死去。後來，孔子果然於七日之後去世，故知孔子之〈曳杖歌〉是其臨終之歌。黃瑩認為《詩經》中的〈大車〉，乃因息夫人於國破後，深情不忘前夫，又恥於淪為楚王之妾，在國破夫虜的窘況下，遂與夫相約歸於黃泉廝守。〔註4〕〈大車〉中表現出她對愛情的堅貞，這是中國歷史上第一首女性的臨終詩。

除上述詩作之外，荊軻的〈荊軻歌〉見於《史記·刺客列傳》，〈荊軻歌〉演唱壯士之行；屈原的〈懷沙〉、〈悲回風〉、〈惜往日〉見於《楚辭·九章》，憂國之思，芳傳千古。可知，先秦臨終詩的作者和作品雖然不多，但在文學史上，不但流傳廣遠，並且有著極為崇高的地位。

## 二、漢魏晉南北朝

臨終詩在先秦時期，作者和作品都不多，到了漢魏晉南北朝時期，臨終詩的創作進入了歷史上的第一個高峰期。據黃瑩的統計，在這段時期，共有作者37人，創作58首。〔註5〕

在漢魏晉南北朝時期，項羽的〈垓下歌〉，是楚漢相爭時期最有名的作品之一。項羽的〈垓下歌〉不但是一曲末路英雄的悲歌，也是一首嗚咽悲壯的臨終詩。

西漢時期天下承平，東漢末至南北朝時期，在政局分裂和混亂的狀態下，臨終詩作達到這段時期的高峰。文人在此時多以韜晦自全、佯狂避世為事，

---

176：孔子蚤作，負手曳杖，消搖於門，歌曰：「泰山其頹乎！梁木其壞乎！哲人其萎乎！」既歌而入，當戶而坐，子貢聞之曰：「泰山其頹，則吾將安仰？梁木其壞，哲人其萎，則吾將安放，夫子殆將病也。」遂趨而入。夫子曰：「賜！爾來何遲也？夏后氏殯於東階之上，則猶在阼也。殷人殯於兩楹之間，則與賓主夾之也。周人殯於西階之上，則猶賓之也。而丘也，殷人也。予疇昔之夜，夢坐奠於兩楹之間。夫明王不興，而天下其孰能宗予，予殆將死也。」蓋寢疾七日而沒。

〔註3〕 日·瀧川龜太郎著，《史記會注考證》（臺北：藝文印書館，1972年2月大一版），頁746：孔子病，子貢請見。孔子方負杖逍遙於門，曰：「賜，汝來何其晚也？」孔子因歎，歌曰：「太山壞乎！梁柱摧乎！哲人萎乎！」因以涕下。謂子貢曰：「天下無道久矣，莫能宗予。夏人殯於東階，周人於西階，殷人兩柱閒。昨暮予夢坐奠兩柱之間，予始殷人也。」後七日卒。

〔註4〕 黃瑩，《生的極限與超越——先秦至宋代臨終詩研究》，頁17。

〔註5〕 黃瑩，《生的極限與超越——先秦至宋代臨終詩研究》，頁34。

但仍多有因政治原因而遇害者。臨終詩之名，最早見於孔融（153～208），他於被害時作〈臨終詩〉，以抒泄忠悃孤憤之情。丁國智認為孔融的〈臨終詩〉為標準的一首絕命詩，無論從詩題、內容，或流傳故事上來看皆屬之。〔註6〕自孔融的〈臨終詩〉肇其端，從東漢末年至南北朝，詩人的臨終之作，也多以「臨終詩」為題。

　　《晉書》卷一百一十四記載苻堅之兄苻朗，苻朗性宏達，神氣爽邁，幼懷遠操，不屑時榮。堅嘗目之曰：「吾家千里駒也。」及苻朗遇害，臨刑時神色自若，作〈臨終詩〉：

　　　　四大起何因？聚散無窮已。既過一生中，又入一死理。冥心乘和暢，
　　　　未覺有終始。如何箕山夫，奄焉處東市。曠此百年期，遠同嵇叔子。
　　　　命也歸自天，委化任冥紀。〔註7〕

從這首詩開頭的「四大起何因？聚散無窮已」，可以看出苻朗受到佛家的影響。「四大」是佛教術語，指地、水、火、風，被認為是構成世界一切事物的四大基本元素，這也是佛教的基本教義。而「命也歸自天，委化任冥紀」，又屬於道家的達命思想與任運自在的態度，這可以看出這段時期佛道思想的融合現象。

　　南北朝時，由於佛學的傳播，臨終詩發展到此時，已有三位僧人的臨終詩作出現，如釋智愷的〈臨終詩〉：

　　　　千月本難滿，三時理易傾。石火無恆焰，電光寧久明。遺文空滿篋，
　　　　徒然昧後生。泉路方幽噎，寒隴向淒清。一隨朝露盡，惟有夜松聲。
　　　　〔註8〕

釋靈裕有臨終之作兩首，初篇〈哀速終〉曰：

　　　　今日坐高堂，明朝臥長棘。一生聊已竟，來報將何息。〔註9〕

其二〈悲永殞〉曰：

　　　　命斷辭人路，骸送鬼門前。從今一別後，更會幾何年。〔註10〕

---

〔註6〕丁國智，《宋代絕命詩研究》（淡江大學中國文學學系碩士班碩士論文，2010年），頁42。

〔註7〕唐・李延壽撰，《南史》卷六十七（北京：中華書局，1995年3月第五次印刷），頁1643。

〔註8〕逯欽立輯校，《先秦漢魏晉南北朝詩》漢詩卷七（臺北：木鐸出版社，1983年），頁2624。

〔註9〕逯欽立輯校，《先秦漢魏晉南北朝詩》，頁2776。

釋智命〔註11〕有〈臨終詩〉曰：

幻生還幻滅，大幻莫過身。安心自有處，求人無有人。〔註12〕

智愷和釋靈裕兩位僧人的臨終詩作，尚無明顯的佛學思想，大抵也如士人臨終之作，都是對生命短暫虛幻的感喟。而智命的臨終詩，已經呈現以身為幻、以真心為有的佛教思想，這在中國臨終詩的發展上，具有重要的意義。

由上述資料可知，臨終詩發展至漢魏晉南北朝時，臨終詩作大多是因為政治紊亂，帝王或文人遭受到迫害，而於臨終時的抒慨，以臨終詩為題的詩作，於是出現在魏晉南北朝。在內容上，這段時期的臨終詩作中，作者表現出在政治的昏亂局勢間，面臨生命將殞的感慨，內容呈現出時代的鮮明色彩。在思想上，對生死的哲理，受到道家與佛學的影響。僧人的臨終詩作也出現於此段時期，內容敘述生死之感外，已初步呈現出佛家的生死哲理。

李盼認為這段時期的臨終詩文，為人真正面對死亡時所書寫，集中體現個體對死亡的認識，正是這種特殊性，使臨終詩文具有情感真切動人，用語通俗明白，典故的固定使用、理性的隨處顯現等藝術特色，因而具有獨特的藝術價值。〔註13〕

## 三、唐五代

丁國智認為到了隋唐，或許因為時代風氣的關係，絕命詩的數量在比例上漸少，但仍然持續的醞釀及發展。〔註14〕但根據黃瑩的統計，唐五代創作臨終詩的詩人有 52 位，共創作臨終詩 67 首，〔註15〕作者和作品仍在繼續增長，可知唐五代仍是臨終詩的繼續發展時期。

唐代詩人李白有〈臨路歌〉，唐代李華在〈故翰林學士李君墓銘序〉中說：「年六十有二不偶，賦臨終歌而卒。」〔註16〕認為李白的〈臨路歌〉作於臨

---

〔註10〕逯欽立輯校，《先秦漢魏晉南北朝詩》，頁 2776。

〔註11〕丁國智《宋代絕命詩研究》將之列為漢魏晉南北朝中。按鄭頲在《唐高僧傳：釋智命傳（鄭頲）》生年推測為 529 年，武德三年（620）卒。

〔註12〕逯欽立輯校，《先秦漢魏晉南北朝詩》，頁 2776～2777。。

〔註13〕李盼，〈試論漢末魏晉南北朝臨終詩文的藝術特色〉，《唐山學院學報》，2013 年 1 月，26 卷第 1 期，頁 27。

〔註14〕丁國智，《宋代絕命詩研究》，頁 46。

〔註15〕黃瑩，《生的極限與超越──先秦至宋代臨終詩研究》，頁 54。

〔註16〕清·董誥編，《欽定全唐文》卷三百二十一（臺北：大通書局，1979 年 7 月 4版），頁 4413。

終之時，故而這首詩就自然而然地引起了後世的關注。

　　杜甫有〈風疾舟中伏枕書懷三十六韻，奉呈湖南親友〉，仇兆鰲認為：「此詩作於耒陽阻水之後，公之不殞於牛肉白酒明矣。其云：『葛洪尸定解』，蓋亦自知不久將沒也。」〔註17〕除了李白、杜甫之外，有臨終詩作的詩人還包括盧照鄰、岑參、白居易等大家。除了士人之作外，也出現了妓女的臨終詩。曲妓顏令賓有〈臨終召客〉，詩前有序敘其本末：「令賓舉止風流，事筆硯，有詞句。……及病甚，值春暮，扶坐砌前，顧落花長嘆數四，因為詩教小童持出，邀新第郎君及舉人數輩。張樂歡飲至暮，涕泗請曰：『我不久矣，幸各製哀挽送我。』得詩數首。……」〔註18〕丁國智認為：絕命詩對詩人而言是頗重要的，崔玄亮、薛準與顏令賓的詩，在《全唐詩》中只有一兩首，而他們的絕命詩都流傳下來，也足見絕命詩自有其重要與令人感念之處。〔註19〕

　　臨終詩發展至唐五代，在作者和詩作的數量上，是上承漢魏晉南北朝，保持成長的趨勢。作者的身分上，臨終詩的寫作，除了文人之外，普及於道士、僧人，已經呈現出文人、道士、僧人鼎立的狀況。〔註20〕漢魏晉南北朝的僧人之作僅有3人，唐代僧人之作者高達19人，已經有大幅成長之勢。這19位僧人為鄭頲（釋智命）、惠能〔註21〕、無了、米嶺和尚、智通、義玄、良价、從朗、善會、慧寂、玄泰、匡仁、智閑、智暉、志瑞、契此、師鼐、普聞、千歲寶掌和尚。〔註22〕其中見於《五燈會元》者有14人。〔註23〕可知禪宗的臨終偈肇端於惠能，而臨濟宗的義玄、曹洞宗的良价，溈仰宗的慧寂三人，也都留有臨終偈，這對禪門臨終偈的書寫應該有示範和鼓勵的作用，而

---

〔註17〕杜甫著，楊倫箋注，《杜詩鏡詮》（臺北：華正書局，2003年），頁1031。

〔註18〕《全唐詩》第二十三冊，卷八零二，頁9029。

〔註19〕丁國智，《宋代絕命詩研究》，頁49。

〔註20〕黃瑩，《生的極限與超越——先秦至宋代臨終詩研究》，頁54：唐、五代臨終詩作者52人，身分方面，帝王1人、士人17人、道士12人、僧人19人、妓女2人、平民女性1人，可見文人、道士、僧人鼎立的狀況。

〔註21〕關於六祖的法號，歷來誌為「慧能」或「惠能」的均有。據說六祖天生聰穎，聽法即悟，惟不識字，但據六祖門人法海《六祖法寶壇經略序》曾記載「……專為安名，可上惠下能也。父曰，何名惠能？僧曰，惠者。以法惠施眾生；能者，能作佛事。」此外，六祖法體真身的安放地南華禪寺亦以「惠能」為準。

〔註22〕黃瑩，《生的極限與超越——先秦至宋代臨終詩研究》，頁55。

〔註23〕十四人為：惠能、無了、米嶺和尚、智通、義玄、良价、從朗、慧寂、玄泰、匡仁、智暉、師鼐、普聞、千歲寶掌和尚。

臨終偈的書寫也逐漸形成風氣。

在作者的身分方面，文人、僧人、道士的臨終詩大增，這也是宋代臨終詩中，儒家、道家、佛家三大思想爲主流的前行發展。所以，無論在作者作品的數量上、在思想上，唐五代臨終詩的發展，是魏晉南北朝到宋朝的過渡，臨終詩發展至宋，則形成臨終詩作在中國歷史上的高峰。

## 四、宋　代

經過先秦、漢魏晉南北朝、隋唐五代的發展，宋代是臨終詩發展的最高峰。本論文據《全宋詩》臨終詩的蒐集，可以整理出這個時期的臨終詩發展中，有以下四個特色：

### （一）作者和作品的增加

從臨終詩的發展來說，宋代是臨終詩發展的最高峰，這可以從《全宋詩》中有關臨終詩的作者和作品的數量看出。

據黃瑩在《生的極限與超越 —— 先秦至宋代臨終詩研究》中，統計從先秦到唐五代，共有 94 位詩人，創作 130 首臨終詩；而宋代共有 182 位詩人，創作 223 首。其中在《全宋詩》中的作者計有 170 人，創作 211 首。〔註24〕據本論文的統計，在《全宋詩》中，臨終詩的作者高達 210 人，臨終詩作有 252 首。這無論在作者、或作品的數量上，都是歷史上的最高峰。

### （二）哲學思想的分明

《全宋詩》的臨終詩作中，大部分的作品都有明顯的思想意涵，這可能與宋代佛教、道教、理學的發展有密切的關係。

在宋代臨終詩中，因儒家愛國思想而殉國者 30 人。在佛教史上，杜繼文和魏道儒認爲：宋代是湧現有持操僧侶最多的時期之一，尤其在民族危難關頭，守土抗戰者有之，逃遁不合作者有之，寧死不屈者有之。中國佛教的愛國主義傳統，儘管可以追溯很遠，但它的真正形成，始於宋代的禪宗。〔註25〕但在宋代禪宗的臨終偈中，未有以身殉國者，而道教（包含道家等修道之人）也未見殉國之作，足見哲學思想影響人的生死態度。

---

〔註24〕黃瑩，《生的極限與超越 —— 先秦至宋代臨終詩研究》，頁 75。
〔註25〕杜繼文、魏道儒，《中國禪宗通史》（江蘇：古籍出版社，1995 年 2 月），頁 384。

本論文將《全宋詩》中的臨終詩作，以禪宗（見附錄一）、儒家（見附錄二）、道家及道教（見附錄三）及其他（見附錄四）作分類，計有禪宗作者 114 人，臨終偈 123 首〔註 26〕；儒家作者 46 人，臨終詩作 65 首〔註 27〕；道教（含道家及修道者）31 人，臨終詩作 34 首〔註 28〕；其他未分類者 19 人〔註 29〕，臨終詩作 30 首〔註 30〕，總共 210 人，臨終詩作 252 首。

### （三）作者的身分

在作者身分上，可以由作品所含蘊的思想，分做不同的作者群。在禪宗思想方面，則多是禪門的高僧以及享有名望的重臣，計禪師 101、名臣文士 10 人，平民 3 人。在儒家思想方面，多是忠臣烈女之作，其中忠臣烈士 40 人，婦女 6 人；在道教思想方面，多是修道的平民或道士，有道士身分者 19 人。〔註 31〕

### （四）時代分布

宋代臨終詩在時代分布上，儒家思想的臨終詩作者有 46 人，有一個很明顯的現象，就是儒家思想的臨終詩，集中在兩宋之交及宋末的兩個階段。據《全宋詩》中臨終詩的作者中，死於靖康之變之時有 6 人〔註 32〕，死于宋末之際的有 24 人〔註 33〕，其中女性有 6 人〔註 34〕，兩者高達 30 人，占了儒家思想臨終詩作者的 65%。而禪宗和道教的臨終書寫則呈現自然分佈狀況，並沒有集中在兩宋之交及宋末兩個階段的情形。

---

〔註 26〕祖鏡 6 首、淨元 3 首、妙普 3 首。

〔註 27〕蘇軾 2 首、韓淲 3 首、吳潛 2 首、趙卯發 2 首、謝緒 2 首、方氏 5 首、文天祥 8 首、徐元娘 2 首。

〔註 28〕晏頴 2 首、劉季孫 3 首。

〔註 29〕十四人中有天台思想者智圓 1 人；淨土思想者若愚、崔婆、成明 3 人；抒生死之慨如王處厚、王寂、袁陟、鄭俠、周濱、朱槔、李衡、馬登等人；因愛情殉身者賈雲華一人。

〔註 30〕智圓 3 首、王寂 2 首、若愚 2 首、賈雲華 8 首。

〔註 31〕《全宋詩》中有言道人、道士、修道者十九人為：魏元吉、鄔希衍、陳景元、何示昭、王道堅、林靈素、薛道光、陳楠、王文卿、馮觀國、傅得一、紹興道者、朱道人、醉道人、張道成、楊權、朱眞靜、湯道亨、上官道人。

〔註 32〕滕茂實、王履、黃燁、楊邦乂、何㮚、李若水。

〔註 33〕陳仲微、趙卯發、鄧得遇、曾如驥、徐琦、謝枋得、陳文龍、謝緒、徐應鑣、方氏、王士敏、趙必瞻、邊居誼、朱光、文天祥、趙淮、韓希孟、朱宮人、諸葛夢宇、徐崧、王氏、盧氏、鍾克俊、徐元娘。

〔註 34〕方氏、徐元娘、韓希孟、朱宮人、王氏、盧氏。

　　宋代臨終詩的發展，從作者來看，宋代臨終詩的作者高達 210 人中，禪宗作者 114 人，占全部的 54%；全宋的臨終詩作 252 首，禪宗的有 123 首，占全部的 49%。所以，從禪宗作者和作品的增加，可以看出禪宗的臨終偈，已經成為宋代臨終書寫的主流。

## 第二節　宋代禪宗臨終偈之淵源

　　禪宗由達磨東傳，故禪宗臨終偈之淵源，可上溯至七佛及西天二十八祖。西天二十八祖是指佛陀在靈山會上傳法給摩訶迦葉尊者，迦葉被尊為禪宗始祖，傳至菩提達磨，共二十八代。

## 一、七　佛

　　古佛應世，緜遠無窮，佛經上說過去、現在、未來三個住劫中，各有一千尊佛出世。在釋迦牟尼佛和以前成佛的六尊佛，合稱為過去七佛，又稱原始七佛。七佛之名見於《長阿含經》卷一《大本經》，及《七佛經》，是離我們時間最近的七位佛。

　　《祖堂集》是第一本將七佛、西土祖師、東土祖師、六祖惠能以下迄五代時期的證悟者，匯集成完整體系的禪宗僧傳。〔註 35〕在《祖堂集》中首度羅列了賢劫七佛之傳法，顯示著古佛傳承的殊勝地位。釋迦牟尼佛告諸比丘，過去多劫以來之六位佛，賢劫第七佛即是釋迦牟尼佛。以下依《祖堂集》列表，以示七佛祖序、偈頌作者、偈頌內容、性質，以明其概要：

| 祖統序 | 偈頌作者 | 偈　頌　內　容 | 性　質 |
|---|---|---|---|
| 七佛（一） | 毘婆尸佛 | 身從無相中受生，喻如幻出諸形像。<br>幻人心識本來空，罪福皆空無所住。 | 付法 |
| 七佛（二） | 尸棄佛 | 起諸善法本是幻，造諸惡業亦是幻。<br>身如聚沫心如風，幻出無根無實性。 | 付法 |
| 七佛（三） | 毘舍浮佛 | 假借四大以為身，心本無生因境有。<br>前境若無心亦無，罪福如幻起亦滅。 | 付法 |
| 七佛（四） | 拘留孫佛 | 見身無實是見佛，了心如幻是了佛。<br>了得身心本性空，斯人與佛何殊別。 | 付法 |

〔註35〕蔡榮婷，〈《祖堂集》死亡書寫研究——以佛陀與西土祖師為核心〉《東華漢學》第 14 期，2011 年 12 月，頁 59。

| 七佛（五） | 拘那含牟尼佛 | 佛不見身知是佛，若實有知別無佛。<br>智者能知罪性空，坦然不懼於生死。 | 付法 |
|---|---|---|---|
| 七佛（六） | 迦葉佛 | 一切眾生性清淨，從本無生無可滅。<br>即此身心是幻生，幻化之中無罪福。 | 付法 |
| 七佛（七） | 釋迦牟尼佛 | 法本法無法，無法法亦法。<br>今付無法時，法法何曾法？ | 臨終付法 |

《祖堂集》中對前六佛的記載僅及佛名、父母、所治國名，內容較短，敘述簡約。偈的內容大致是說解身心的虛妄，所說之偈有傳法性質。但因為沒有交代說偈的時間，所以不能確定其是否為臨終之傳法，而七佛的釋迦牟尼佛，則可以明確為臨終付法。

對於臨終的死亡書寫，首見於釋迦牟尼佛，蔡榮婷依《祖堂集》中對佛陀的死亡書寫，認為佛陀的死亡歷程與喪葬儀式因而成為範例，對於後世有無遠弗屆的影響力，並整理出涅槃前的囑咐、涅槃及祥應、迦葉的奔喪及悲悼、佛陀遺體示現神通、後事的處理五個重要環節。〔註36〕

《祖堂集》中佛陀涅槃前的囑咐，僅有付法之偈，而在《景德傳燈錄》中，除了付法偈之外，另有〈無常偈〉：「諸行無常，是生滅法。生滅滅已，寂滅為樂。」〔註37〕如此一來，開付法與臨終最後說偈兩種不同性質的書寫。佛陀的付法偈上承前六佛、下開西天二十八祖師於臨終前付法的傳統；佛陀臨終的〈無常偈〉，則為臨終時為弟子做最後說偈的最早先例。

## 二、西天二十八祖

### （一）「西天二十八祖」之說

「西天二十八祖」之說，一直是禪宗歷史研究的一個疑案，並引發如「禪宗正統說」、「達摩祖師的真實性」、「禪宗系譜的製造」，以及生平述略、傳法偈頌等研究。〔註38〕對「西天二十八祖」之說，胡適認為：

> 多數北宗和尚似固守六代說，不問達摩以上的世系，如杜朏之《傳

---

〔註36〕蔡榮婷，〈《祖堂集》死亡書寫研究——以佛陀與西土祖師為核心〉《東華漢學》第 14 期，2011 年 12 月，頁 63～65。

〔註37〕宋・道原，《景德傳燈錄》《佛光大藏經・禪藏》，（高雄：佛光出版社，1994 年 12 月），頁 23。

〔註38〕黃連忠，《禪宗公案體相用思想之研究》（臺灣：學生書局，2002 年 9 月），頁 23。

法寶記》雖引禪經序，而仍以達摩爲初祖。南宗則紛紛造達摩以上的世系，以爲本宗光寵，大率多引據付法藏傳，有二十三世說，有二十四世說，有二十五世說，又有二十八九世說。唐人所作碑傳中，各說皆有，不可勝舉。又有依據僧祐出三藏記中之薩婆多部世系而立五十一世說的，如馬祖門下的惟寬即以達摩爲五十一世，惠能爲五十六世。（原註：見白居易傳法堂碑）但八代太少，五十一世又太多，故後來漸漸歸到二十八代說。〔註39〕

胡適以爲「南宗則紛紛造達摩以上的世系，以爲本宗光寵」，楊惠南則認爲南禪除了延續印度「守護」正法的傳統之外，也由於中國東漢以來注重師承的風尚，以至開展出「西天二十八祖」之說。〔註40〕

在「西天二十八祖」之說上，李華爲天台八祖左溪玄朗所作〈故左溪大師碑〉，最早有「佛以心法付大迦葉，此後相承，凡二十九世。」〔註41〕之說。《永嘉證道歌》最早有二十八代說，但並未明列祖名。敦煌本《壇經》西天二十八祖取《付法藏因緣傳》二十三位，再加上《達摩多羅禪經》五位而成，但有同人異名的重複問題，敦煌本《壇經》還宣稱從原始七佛到惠能，共四十世。貞元十七年（801）智炬的《曹溪寶林傳》，據敦煌本《壇經》修正爲二十八祖史事，在《付法藏因緣傳》之二十三祖外另加婆須密，成爲二十四祖，又在師子之後加上婆舍斯多、不如密多、般若多羅、菩提達摩等四祖，共二十八祖。除了二十九祖、二十八祖之外，又有二十七祖的說法，宗密在《圓覺經大疏鈔》卷三有「僧伽羅又第二十七」之說。《宗鏡錄》和《景德傳燈錄》記禪宗第二十七祖變爲「般若多羅」。天台宗所信奉的《付法藏傳》和《摩訶止觀》一書記述「西天二十四祖」。五代的《祖堂集》和北宋《景德傳燈錄》皆遵循《曹溪寶林傳》的說法，從《付法藏因緣傳》、《楞伽師資記》、《曹溪寶林傳》、《圓覺經大疏鈔》、《祖堂集》到《景德傳燈錄》，西天二十八祖說確立。〔註42〕

---

〔註39〕唐・釋神會著，胡適校，《神會和尚遺集》（臺北：胡適紀念館，1968年），頁28～29。
〔註40〕楊惠南，《禪史與禪思》（臺北：東大圖書股份有限公司，1995年），頁63。
〔註41〕清・董誥編，《欽定全唐文》（臺北：大通書局，1979年7月4版），頁4101。
〔註42〕黃連忠，《禪宗公案體相用思想之研究》（台灣：學生書局，2002年9月），頁24。

以下依《祖堂集》列表，以示西天二十八祖祖序、偈頌作者、偈頌內容、性質，以明其概要：

| 祖統序 | 偈頌作者 | 偈　頌　內　容 | 性　質 |
|---|---|---|---|
| 第一祖 | 大迦葉尊者 | 法法本來法，無法無非法。<br>何於一法中，有法有非法。 | 付法 |
| 第二祖 | 阿難尊者 | 本來付有法，付了言無法。<br>各各既自悟，悟了無無法。 | 臨終付法 |
| 第三祖 | 商那和修尊者 | 非法亦非心，〔註43〕無心亦無法。<br>說是心法時，是法非心法。 | 臨終付法<br>〔註44〕 |
| 第四祖 | 優婆毱多尊者 | 心自本來心，本心非有法。<br>有法有本心，非心非本法。 | 臨終付法 |
| 第五祖 | 提多迦尊者 | 通達本法心，無法無非法。<br>悟了同未悟，無心得無法。 | 臨終付法 |
| 第六祖 | 彌遮迦尊者 | 無心無可得，說得無名法。<br>若了心非心，始解心心法。 | 臨終付法 |
| 第七祖 | 婆須蜜尊者 | 心同虛空界，示等虛空法。<br>證得虛空時，無是無非法。 | 臨終付法 |
| 第八祖 | 佛陀難提尊者 | 虛空無內外，心法亦如此。<br>若了虛空故，是達真如理。 | 臨終付法 |
| 第九祖 | 伏馱蜜多尊者 | 真理本無名，因名顯真理。<br>領得真實法，非真亦非偽。 | 臨終付法 |
| 第十祖 | 脅尊者 | 真體自然真，因真說有理。<br>領得真真法，無行亦無止。 | 臨終付法 |
| 第十一祖 | 富那耶奢尊者 | 迷悟如隱顯，明暗不相離。<br>今付隱顯法，非一亦非二。 | 臨終付法 |
| 第十二祖 | 馬鳴尊者 | 隱顯即本法，明暗元無二。<br>今付悟了法，非取亦非棄。 | 臨終付法 |
| 第十三祖 | 毘羅尊者 | 非隱非顯法，說是真實際。<br>悟此隱顯法，非愚亦非智。 | 臨終付法 |

〔註43〕舊本作「非法亦非法」，《景德傳燈錄》依《寶林傳》《正宗記》改作「非法亦非心。」

〔註44〕《景德傳燈錄》中，三祖未馬上圓寂，而是隱於山中，後於三昧中見弟子毱多有五百徒眾，常多憍慢，尊者乃現龍奮迅三昧以調伏，五百比丘依教奉行，皆獲無漏，尊者乃作十八變，火光三昧用焚其身。

| 第十四祖 | 龍樹尊者 | 為明隱顯法，方說解脫理。<br>於法心不證，無瞋亦無喜。 | 臨終付法 |
|---|---|---|---|
| 第十五祖 | 迦那提婆尊者 | 本對傳法人，為說解脫理。<br>於法實無證，無終亦無始。 | 臨終付法 |
| 第十六祖 | 羅睺羅尊者 | 於法實無證，不取亦不離。<br>法非有無相，內外云何起。 | 臨終答偈〔註45〕 |
| 第十七祖 | 僧伽難提尊者 | 心地本無生，因種從緣起。<br>緣種不相妨，花果亦復然。 | 臨終付法 |
| 第十八祖 | 伽耶舍多尊者 | 有種有心地，因緣能發萌。<br>於緣不相礙，當生生不生。 | 臨終付法 |
| 第十九祖 | 鳩摩羅多尊者 | 性上本無生，為對求人說。<br>於法既無得，何懷決不決。 | 臨終付法 |
| 第二十祖 | 闍夜多尊者 | 言下合無生，同於法界性。<br>若能如是解，通達事理竟。 | 臨終付法 |
| 第二十一祖 | 婆修盤頭尊者 | 泡幻同無得，如何不了悟。<br>達法在其中，非今亦非古。 | 臨終付法 |
| 第二十二祖 | 摩拏羅尊者 | 心隨萬境轉，轉處實能幽。<br>隨流認得性，無喜復無憂。 | 臨終付法 |
| 第二十三祖 | 鶴勒那尊者 | 認得心性時，可說不思議。<br>了了無可得，得時不說知。 | 臨終付法 |
| 第二十四祖 | 師子尊者 | 正說知見時，知見俱是心。<br>當心即知見，知見即于今。 | 臨終付法 |
| 第二十五祖 | 婆舍斯多尊者 | 聖人說知見，當境無是非。<br>我今悟真性，無道亦無理。 | 臨終付法 |
| 第二十六祖 | 不如密多尊者 | 真性心地藏，無頭亦無尾。<br>應緣而化物，方便呼為智。 | 臨終付法 |
| 第二十七祖 | 般若多羅尊者 | 心地生諸種，因事復因理。<br>果滿菩提圓，華開世界起。 | 臨終付法 |
| 第二十八祖 | 菩提達磨和尚 | 吾本來茲土，傳教救迷情。<br>一華開五葉，結果自然成。 | 付法 |

〔註45〕此為臨終回答僧伽難提之問，在《景德傳燈錄》中，此亦為臨終付法。

　　西天二十八祖，皆有付法偈之記載，付法偈是四句所組成的偈頌，字數多寡不拘，是對佛法要義作一總結式的直心直說，以確立禪宗相承的不變之旨，並證明師徒面授付法相承之詩偈。

### （二）西天二十八祖傳法之記載

　　天竺祖師之初祖爲摩訶迦葉，乃釋迦牟尼佛之弟子。據載：世尊在靈山會上，拈花示眾，眾皆默然，唯迦葉破顏微笑。世尊道：「吾有正法眼藏，涅槃妙心，實相無相，微妙法門，不立文字，教外別傳，有智無智，得因緣證，今日付囑摩訶迦葉。」〔註46〕得大法眼的印度初祖摩訶迦葉，相繼密相付囑，尊者迦葉以法付囑阿難，足見這種在師資授受的傳承中，發展爲「付法」之說。

　　印順導師認爲「付法」有古老而深遠的意義，一代一人的付法，所付囑的，是「正法」、「法藏」、「勝眼」、「法眼」。付囑的主要意義，是「守護」、「護持」。在古代的「付囑正法」，是付與一項神聖的義務，概括佛法的一切——三藏聖典的護持，僧伽律制的護持，定慧修正的護持。這是在佛教的發展中，形成佛法的領導中心；一代大師，負起佛教的攝道與護持的責任，爲佛法的表率與準繩。〔註47〕這種「付法」，從七佛、西天二十八祖、東土祖師，形成了禪宗的傳承體系，而「付法」也是西土祖師的死亡書寫中重要的一環。

　　蔡榮婷〈《祖堂集》死亡書寫研究——以佛陀與西土祖師爲核心〉中，認爲西土祖師的死亡書寫有預示、付法、涅槃與祥應、後事的處理四個主要環節，其中的付囑包含付法與遺囑，付法是付囑的主架構，西土二十八祖中有二十七位有付法記載，可知佛陀與西土祖師的死亡書寫，「付法」是最重要的環節。〔註48〕除了上述的迦葉和阿難之外，蔡榮婷並整理出西天二十五位祖師〔註49〕的付法類型，歸納爲三種書寫類型：

---

〔註46〕卍新纂續藏經，第一冊，No. 27，《大梵天王問佛決疑經》卷一。
　　　　http://www.cbeta.org/result/normal/X01/0027_001.htm
〔註47〕印順著，《中國禪宗史》（臺北：正聞出版社，1994年7月八版），頁194。
〔註48〕蔡榮婷，〈《祖堂集》死亡書寫研究——以佛陀與西土祖師爲核心〉《東華漢學》第14期，2011年12月，頁75。
〔註49〕蔡榮婷將達磨劃歸爲東土祖師，專章介紹迦葉、阿難，故以二十五位西方祖師爲歸類。

第一種是「我今將此法眼付囑於汝。汝可流布（汝善護持、汝當受教、汝宜傳受），無令斷絕。汝今將聽吾說偈曰：⋯⋯」此種類型有第四祖優波毱多尊者、第十一祖富那夜奢尊者、第十二祖馬鳴尊者、第十三祖毘羅尊者、第十四祖龍樹尊者、第十五祖迦那提婆尊者、第二十二祖摩拏羅尊者、第二十三祖鶴勒那尊者、第二十六祖不如密多尊者、第二十七祖般若多羅尊者等十人。

第二種是「如來以大法眼付囑迦葉，如是展轉，乃至於我。我今付囑於汝。聽吾說偈曰：⋯⋯」此種類型有第三祖商那和修尊者、第五祖提多迦尊者、第八祖佛陀難提尊者、第九祖伏馱蜜多尊者、第二十祖闍夜多尊者、第二十四祖師子比丘尊者等六人。

第三種是「乃命付法，而說偈曰：⋯⋯」此種類型有第六祖彌遮迦尊者、第七祖婆須蜜尊者、第十祖脇尊者、第十七祖僧伽難提尊者、第十八祖伽耶舍多尊者、第十九祖鳩摩羅多尊者、第二十一祖婆修盤頭尊者、第二十五祖婆舍斯多尊者等八人。〔註50〕

西土祖師，除了無付法記載者有第十六祖羅睺羅多尊者一人之外，都有付法偈。在《景德傳燈錄》中，第三祖和第七祖除了付法之外，另有臨終偈的書寫：

第三祖商那和修尊者的臨終偈是：

　　通達非彼此，至聖無長短。汝除輕慢意，疾得阿羅漢。〔註51〕

第七祖婆須蜜尊者的臨終偈是：

　　我所得法，而非有故。若識佛地，離無有故。〔註52〕

在《景德傳燈錄》中，最特殊的是第二十三祖鶴勒那尊者，他在火葬後，因爲弟子們分舍利，各欲興造塔廟，所以現身在空中說偈：

　　一法一切法，一切一法攝。吾身非有無，何分一切塔？〔註53〕

這種在圓寂後又現身說偈的記載，是西土祖師中僅見的一個例子。

〔註50〕依據蔡榮婷，〈《祖堂集》死亡書寫研究——以佛陀與西土祖師爲核心〉，頁71。

〔註51〕宋・道原，《景德傳燈錄》卷第一《佛光大藏經・禪藏》（高雄：佛光出版社，1994年12月），頁31。

〔註52〕宋・道原，《景德傳燈錄》卷第一，頁39。

〔註53〕宋・道原，《景德傳燈錄》卷第二，頁73。

## （三）西天二十八祖付法之時間

　　初祖迦葉說法住世四十五年後，將正法付給阿難，然後持僧伽黎衣入雞足山入滅盡定，等候慈氏下生。阿難對阿闍王說：「摩訶迦葉以定持身，待於彌勒下生，捧付僧伽梨竟，方入涅槃，如今切不可焚也。」〔註54〕所以迦葉雖然寫偈付法，但不是馬上圓寂，因此他作的偈子僅有付法性質，但不能算是臨終偈。

　　阿難尊者在將滅之前，作偈後躍身虛空，分身四分，一分奉忉利天，一分奉娑竭羅龍宮，一分奉毘舍離王，一分奉阿闍世王，各造寶塔供養。〔註55〕所以，西土的臨終偈應該是始見於二祖阿難。從此天竺祖師除了二十四祖師子比丘、第二十八祖菩提達磨之外，其他的二十五位祖師之付法偈，基本上按這個方式，皆在圓寂前，為臨終付法之作。這種一代一人的付法，在《付法藏傳》中，是將入涅槃而付與後人，所以《傳法寶紀》不是說「臨終付囑」，就是說臨終「重明宗極」，印順認為這就是「臨終密授」說的來源。〔註56〕這種一代一人的付法體系，到了弘忍門下，為「分頭並弘」的傾向所替代。

　　西土祖師中的臨終書寫，絕大部分是臨終付法的性質。蔡榮婷認為，「付法」是《祖堂集》死亡書寫的核心。付法偈為付法之作，臨終偈為臨終之作，故大抵而言：雖付法偈所重為法義，臨終所明者為時間，以作偈的時間而論，凡臨終所作之偈頌，都可以包含在臨終偈的範圍之中。

# 第三節　禪宗臨終偈在中土之發展

## 一、東土祖師的付法

　　從初祖迦葉到二十八祖菩提達磨，達磨傳法於中國，又以慧可接續為二十九祖，直到三十三祖惠能，如此將印度與中國的法統合為一脈。以下依《祖堂集》列表，以示其祖序、偈頌作者、偈頌內容、性質，以明其概要：

〔註54〕南唐・靜、筠編，《祖堂集》卷第一《佛光大藏經・禪藏》（高雄：佛光出版社，1994年12月），頁38。

〔註55〕南唐・靜筠編，《祖堂集》卷第一，頁40。

〔註56〕印順，《中國禪宗史》，頁194。

| 祖統序 | 偈頌作者 | 偈頌內容 | 性質 |
|---|---|---|---|
| 第二十九祖 | 惠可禪師 | 本來緣有地,因地種華生。<br>本來無有種,華亦不能生。 | 付法 |
| 第三十祖 | 僧璨 | 華種雖因地,從地種華生。<br>若無人下種,華地盡無生。 | 付法 |
| 第三十一祖 | 道信和尚 | 華種有生性,因地華性生。<br>大緣與性合,當生不生生。 | 付法 |
| 第三十二祖 | 弘忍和尚 | 有情來下種,因地果還生。<br>無情既無種,無性亦無生。 | 付法 |
| 第三十三祖 | 慧能和尚 | 心地含諸種,普雨悉皆生。<br>頓悟華情已,菩提果自成。 | 付法 |

　　中土禪宗重視傳法,若有得悟之嗣法弟子,便可得到祖師認可,以付法偈囑其所傳授之正法,從而付之袈裟,作爲付法之象徵,成爲續燈傳薪之一代傳承法脈的宗師。中土祖師慧可至惠能亦皆有付法偈,張說的〈大通禪師碑〉說:

　　　　菩提達磨天竺東來,以法傳慧可,慧可傳僧璨,僧璨傳道信,道信傳宏忍,繼明重迹,香承五光。〔註57〕

在付法的時間上,蔡榮婷認爲西土祖師通常是付法之後立刻圓寂,故而在二十八位祖師中,有臨終付法偈者二十五。而中土祖師於付法之後,都隔上一段時間才圓寂。〔註58〕故而東土沒有繼承西土臨終付法的傳統,而是在時際因緣中將法傳下,並繼續敷揚宗教、宏法利生直至圓寂。

## 二、禪宗臨終偈在宋代之前的發展概況

　　在宋代以前,禪宗的臨終偈已經記載於有關的書籍及燈錄,在禪宗的燈錄中,因各本燈錄涵蓋的時代不同、人物的重疊,加之一些作者生卒年湮沒難稽,故而難以精確量化,僅舉三書中臨終偈之數目,以明臨終偈從唐代至宋代的發展梗概。

---

〔註57〕《全唐文》卷二三一。
〔註58〕蔡榮婷,〈《祖堂集》死亡書寫研究——以東土祖師爲核心〉《玄奘佛學研究》第 18 期,2012 年 9 月,頁 39。

### （一）從《祖堂集》看臨終偈的書寫

《祖堂集》成書於南唐保大十年（952），是重要禪宗史學著作，也是現存最早的禪宗燈史著作之一。作者為南唐泉州招慶寺靜、筠兩位禪師，再經後世補完，共二十卷。此書在中國失傳，現存於高麗大藏經中，在二十世紀初被發現，而得以重新印行。

《祖堂集》收錄的祖師總人數，《祖堂集·序》說是 253 員，日本的柳田聖山則認為其專章立傳者有 246 員，有名無傳者 13 員，實際收錄 259 員。〔註59〕蔡榮婷統計《祖堂集》涉及死亡書寫的傳主有 103 位傳主，約佔總人數的 40%，〔註60〕本論文統計有臨終偈者僅有 4 人，佔總人數的 2%。

有臨終偈的四位禪師是疏山和尚、南嶽玄泰上座、泉州龜洋山無了禪師、米嶺和尚。〔註61〕疏山和尚為洞山良价的法嗣，為青原下五世；南嶽玄泰上座，始見德山宣鑑，後嗣石霜普會，為青原下五世；泉州龜洋山無了禪師，馬祖道一法嗣，為南嶽下三世；米嶺和尚為馬祖道一（709～788，或 688～763）法嗣，為南嶽下三世。故而《祖堂集》中四位臨終偈的僧人，應該都是唐時的僧人。

### （二）從《景德傳燈錄》看臨終偈的書寫

《景德傳燈錄》為東吳僧道原所撰，成書於北宋真宗景德元年（1004），是續《祖堂集》後的重要燈錄，共三十卷。

《景德傳燈錄》載自過去七佛、西土二十七祖、東土六祖，至法眼宗文益禪師法嗣的禪宗傳法世系，共 1701 人。《景德傳燈錄》是《寶林傳》、《祖堂集》尚未為世人發現之前，禪宗最早的一部史書。自上述二書於二十世紀上半葉被發現後，得知《景德傳燈錄》曾受此兩書的影響，且多所取材，故知《景德傳燈錄》是以相關史書為基礎，經過篩選潤色而成。

《景德傳燈錄》收錄的總人數有 1701 員，本論文統計涉及死亡書寫的約有 101 則，約佔總人數的 6%，有臨終偈者有 18 人，佔總人數的 1%。18 人中，

---

〔註59〕日本·柳田聖山，〈《祖堂集》本文研究（一）〉，收入《禪學研究》第 54 號，1964 年，頁 19。

〔註60〕蔡榮婷，〈《祖堂集》死亡書寫研究——以東土祖師為核心〉，頁 29 注 4：依柳田先生的統計數值來計算色及死亡書寫的傳主約佔《祖堂集》總人數的 40%。

〔註61〕米嶺和尚為馬祖道一（709～788，或 688～763）法嗣，為南嶽下三世。

除了《祖堂集》中 4 位僧人，另有木陳從朗〔註62〕、五臺智通〔註63〕、臨濟義玄、越山師鼐〔註64〕、重雲智暉〔註65〕、明招德謙〔註66〕、布袋和尚、僧肇等 8 人，為唐及五代者共計 12 人，其餘 6 人〔註67〕為宋人。

## （三）從《五燈會元》看臨終偈的書寫

《五燈會元》成書於宋理宗淳鈞十二年（1252），是中國佛教禪宗重要的一部史書，為杭州靈隱寺普濟所編集，一共二十卷。「五燈」系指五部記敘禪宗世系源流的燈錄，即北宋法眼宗道原的《景德傳燈錄》、北宋臨濟宗李遵勗的《天聖廣燈錄》、北宋雲門宗惟白的《建中靖國續燈錄》、南宋臨濟宗悟明的《聯燈會要》、南宋雲門宗正受的《嘉泰普燈錄》。《五燈會元》摘錄「五燈」樞要，故而五燈單部遂少流通。

《五燈會元》收錄的總人數有 1963 員，本論文統計涉及死亡書寫的約有 127 則，約佔總人數的 7%，有臨終偈者 70 人，佔總人數的 4%。在百分比看，從《祖堂集》的 2%、《景德傳燈錄》的 1%，到《五燈會元》的 4%，臨終偈的作者有明顯的增加。《五燈會元》的七十則中，其中除了《景德傳燈錄》中唐五代的臨終作者的 12 位僧人外，另增千歲寶掌和尚、洞山良价、龍湖普聞、仰山慧寂 4 人，共為 16 人，其他 56 人為宋代僧人作品，以見臨終偈在宋代逐漸增多之勢。

## 三、禪宗在宋代之前的臨終偈

東方祖師的臨終偈，最早見於惠能大師。據《景德傳燈錄》中記載，惠能於先天元年（712）將付法偈告諸徒眾，於先天二年（713）示寂，這是東西方祖師在付法時間上的相異之處。惠能的臨終偈不見於《祖堂集》及各燈錄，在《六祖壇經》中，有惠能於臨終時留偈與弟子的記載。其〈自性眞佛偈〉曰：

> 眞如自性是眞佛，邪見三毒是魔王，邪迷之時魔在舍，正見之時佛

---

〔註62〕木陳從朗為趙州從諗弟子，為《全宋詩》誤收。
〔註63〕五臺智通為歸宗智常法嗣，為南嶽下四世。
〔註64〕越山師鼐為雪峰義存（822～908）法嗣，青原下六世。
〔註65〕重雲智暉為白水本仁法嗣，青原下六世。
〔註66〕明招德謙為羅山道閑法嗣，青原下七世。
〔註67〕釋從朗、釋省念、釋志端、釋清豁、釋玄應、釋遇安。

在堂。性中邪見三毒生，即是魔王來住舍，正見自除三毒心，魔變
成佛眞無假。法身報身及化身，三身本來是一身，若向性中能自見，
即是成佛菩提因。本從化身生淨性，淨性常在化身中，性使化身行
正道，當來圓滿眞無窮。淫性本是淨性因，除淫即是淨性身，性中
各自離五欲，見性剎那即是眞。今生若遇頓教門，忽悟自性見世尊，
若欲修行覓見佛，不知何處擬求眞。若能心中自見眞，有眞即是成
佛因，不見自性外覓佛，起心總是大癡人。頓教法門今已留，救度
世人須自修，報汝當來學道者，不作此見大悠悠。〔註68〕

惠能留〈自性眞佛偈〉與弟子告別，說偈後並囑咐弟子不可作世情悲泣流淚，
受人弔問、身著孝服，又一再叮囑修行等事後，復說偈曰：

兀兀不修善，騰騰不造惡，寂寂斷見聞，蕩蕩心無著。〔註69〕

這首偈開示弟子參究的法門，正如「不思善、不思惡」一樣，心不著一切法，
故而就不可能有修善造惡，而本自蕩然無所執著。

　　西土祖師多於臨終時以偈付法，東土祖師則於付法後，繼續宏法利生。
六祖惠能於臨終時，留偈對學人作最後的教誨，這是中國禪宗臨終偈與西天
二十八祖臨終付法的相異之處，也是禪宗西天臨終付法傳統的轉變，呈現出
中國臨終偈辭眾及遺教的特色與價值，使中國禪宗臨終偈的內涵更豐富多
樣。這種辭眾及遺教的偈旨，開後世禪師臨終偈之端。自六祖惠能後分有青
原、南嶽兩系之發展、臨終偈也隨之開展，不斷增加，至宋朝時乃蔚爲臨終
偈的高峰。

　　在宋代以前，惠能爲第一位創作臨終偈的禪宗祖師，除此之外，以《五
燈會元》爲據，青原下有臨終偈者 7 人，南嶽下有 6 人，兩系以外有 3 人，
共計 17 人（見附錄五）。

## （一）青原系

### 1. 曹洞宗

　　禪門五宗在宋代之前，青原一系的雲門宗和法眼宗均無臨終偈，曹洞宗
自唐開宗以來，根據《五燈會元》之記載，宋之前有曹洞宗的開宗祖師洞山

---

〔註68〕唐·法海撰、丁福保注，《六祖壇經箋註》（台北：文津出版社，1993 年 12
　　　　月），頁 268～270。
〔註69〕唐·法海撰、丁福保注，《六祖壇經箋註》，頁 271。

良价、及疏山匡仁、重雲智暉等三位禪師。

（1）洞山良价

曹洞宗臨終偈之作，始見於青原下四世的洞山良价。據《五燈會元》記載，良价將圓寂，有僧人問：「和尚違和，還有不病者也無？」良价回答：「有」，僧人問：「不病者還看和尚否？」良价說：「老僧看他有分。」僧人問：「和尚如何看他？」良价回答：「老僧看時，不見有病。」良价反問僧人：「離此殼漏子，向甚麼處與吾相見。」僧無法對答。良价示頌曰：

> 學者恆沙無一悟，過在尋他舌頭路。欲得忘形泯蹤跡，努力殷勤空
> 裡步。〔註70〕

良价在偈中開示學者不能開悟的原因，在於學者僅在言語上尋求知解，若要了解蘊、處、界的空幻，及找到本來無形無相的自己，則要努力殷勤的下功夫去參悟。良价說完後，便剃髮澡身披整衣服，擊鐘聚集僧人，於辭別眾人後儼然坐化。這時大眾為之傷慟嚎哭，良价忽然睜開眼睛說：「出家人心不附物，是真修行，勞生息死，哀悲何益？」於是命令主事者辦愚癡齋，如此延後了七天後，良价隨眾人用齋完畢，說：「僧家無事，大率臨行之際，勿須喧動。」他歸回方丈室中，端坐長往。〔註71〕

（2）疏山匡仁

疏山匡仁禪師是洞山良价的弟子，在臨終寫偈：

> 我路碧空外，白雲無處閒。世有無根樹，黃葉送風還。〔註72〕

他在偈中形容自己歸處的遼闊及無處不在，並以無根之樹比喻人世間的無常，而色身的殞滅就像黃葉一般的飄還大地。

（3）重雲智暉

曹洞宗中另有青原下六世的重雲智暉禪師，其臨終偈曰：

> 我有一間舍，父母為修蓋。住來八十年，近來覺損壞。早擬移住處，
> 事涉有憎愛。待他摧毀時，彼此無相礙。〔註73〕

他以色身為父母修蓋的房舍，八十年來房舍已經有所損壞，若有心作意於來去，就是對色身的衰敗尚存有憎愛，倒不如以順時隨緣、彼此無礙的態度來

---

〔註70〕宋·普濟，《五燈會元》卷第十三（台北：文津出版社，1986 年 5 月），頁786。

〔註71〕依據宋·普濟，《五燈會元》卷第十三，頁786。

〔註72〕南唐·靜筠編，《祖堂集》卷第八，頁437。

〔註73〕宋·道原，《景德傳燈錄》卷第二十，頁1225～1226。

面對生死。

### 2. 青原下五世

#### （1）南嶽玄泰

南嶽玄泰是石霜慶諸的弟子，他在遷化時，身邊沒有僧人，他便自行走出山口，喚得一人爲他準備好柴薪，然後披衣而坐，書寫兩首偈子後，[註74]垂一足而逝。其一曰：

> 今年六十五，四大將離主。其道自玄玄，箇中無佛祖。[註75]

第一首臨終偈中，說明辭世時爲六十五歲，這種首先說明辭世年齡的寫法，爲後代臨終偈常見的開首之句。色身由四大所組，四大將要離開眞正的法身主人，法身之道玄妙，非言語文字之所能陳說，其體性空寂靈知，本具佛性而無對佛之執著。又曰：

> 不用剃頭，不用[註76]澡浴。一堆猛火，千足萬足。[註77]

玄泰的第二首臨終偈，展現禪師臨去時的無礙和灑脫，此偈爲宋代曹洞宗景深的〈辭世偈〉所援用。[註78]

#### （2）龍湖普聞

同爲青原下五世的龍湖普聞，他的臨終偈曰：

> 我逃世難來出家，宗師指示箇歇處。住山聚衆三十年，尋常不欲輕
> 分付。今日分明說似君，我斂目時齊聽取。[註79]

普聞在偈中自言因爲要逃脫世間的苦難而出家，宗師已經指示了心的休歇之處，他三十年來對這個休歇處並不輕易舉揚，而在這臨終時讓大衆識取。

### 3. 青原下六世、七世

#### （1）越山師鼐

青原下六世有越山師鼐禪師一人，臨終時聚集衆人，開示一偈曰：

> 眼光隨色盡，耳識逐聲消。還源無別旨，今日與明朝。[註80]

---

〔註74〕宋・普濟，《五燈會元》卷第六合兩偈作一偈。
〔註75〕南唐・靜筠編，《祖堂集》卷第九，486。
〔註76〕宋・道原，《景德傳燈錄》卷第十六，頁912作「須」。
〔註77〕南唐・靜筠編，《祖堂集》卷第九，486。
〔註78〕宋・普濟，《五燈會元》卷第十四，頁906，景深〈辭世偈〉：「不用剃頭，不須澡浴。一堆猛火，千足萬足。」
〔註79〕宋・普濟，《五燈會元》卷第六，頁316。
〔註80〕宋・道原，《景德傳燈錄》卷第十九，頁1132。

人至臨終時，眼光隨著色而盡，耳識隨著聲音而消失。想要回歸寂然不動的本源並沒有別的意旨，只在於了悟世間在今日明朝中的無常變化。

（2）明招德謙

青原下七世有明招德謙禪師一人，臨終說偈：

> 薦刀叢裡逞全威，汝等應當善護持。火裡鐵牛生犢子，臨岐誰解湊
> 吾機。〔註81〕

偈中說明自性如薦然從刀叢中顯現全部的威風，所以你們要善自護持，火中的鐵牛生下小牛犢，來在岐路前有誰能迎合我的機鋒呢？

## （二）南嶽系

### 1. 溈仰宗

南嶽下的溈仰宗有臨終偈者僅仰山慧寂一人。《祖堂集》未言及慧寂臨終之事，根據《景德傳燈錄》，慧寂於遷化前數年作有一偈，寫明辭世的年歲和臨終的姿勢，而後果然於七十七歲時，以兩手攀膝的姿勢圓寂。偈曰：

> 年滿七十七，老去是今日。任性自浮沉，兩手攀屈膝。〔註82〕

據《五燈會元》的記載，這首偈則是寫在仰山慧寂禪師將順寂時，偈語也有所不同。其中，記載著當時有數位僧人侍立於一旁，慧寂以偈示之曰：「一二二三子，平目復仰視。兩口一無舌，即是吾宗旨。」〔註83〕至了中午，他陞座辭眾說偈，言訖，以兩手抱膝而終。偈曰：

> 年滿七十七，無常在今日。日輪正當午，兩手攀屈膝。〔註84〕

這首偈的內容僅在書寫辭世的年歲、時間、和辭世時的姿勢，表現出禪師在生死無常中的來去自在。

### 2. 臨濟宗

北宋前，臨濟宗的臨終偈，僅有臨濟義玄〔註85〕（？～867）一人。臨濟義玄上承南嶽懷讓、馬祖道一、百丈懷海至黃檗希運的禪法，為中國臨濟宗的創立者。

據《五燈會元》記載，臨濟義玄幼負出塵之志，他先在官寺出家，後遊

---

〔註81〕宋·道原，《景德傳燈錄》卷第二十三，頁1445。
〔註82〕宋·道原，《景德傳燈錄》卷第十一，頁526。
〔註83〕宋·普濟，《五燈會元》卷第九，頁536。
〔註84〕宋·普濟，《五燈會元》卷第九，頁536。
〔註85〕俗姓邢，曹州南華（今山東東明）人。

方至江西，跟從黃檗希運禪師學法多年，由於三次問「如何是佛法大意」三次被打，後又參謁高安大愚禪師，在大愚處開悟。唐大中八年（854），往鎮州（今河北正定）滹沱河畔建臨濟院，弘揚黃檗希運禪師所倡啓「般若為本、以空攝有、空有相融」的禪宗新法。這種禪法張於天下，後世遂稱之為「臨濟宗」。臨濟義玄以其機鋒凌厲，棒喝峻烈的禪風聞名於世。義玄於咸通八年（867）將示滅時，說傳法偈曰：

> 沿流不止問如何，真照無邊說似他。離相離名人不稟，吹毛用了急須磨。〔註86〕

禪宗是以明心見性為本的心法，要學人認識本心。義玄這首傳法偈，正是對自心體性的闡發。沿流不止是說人的對境動心，或起心造境等等，猶如水流一般，這種現象只是意識界的活動，而不是我們具有「真照」的本來面目。「真照」者，是本心的靈明，這靈明只能以「似他」來形容，因為這個本心是「離相離名」，無法言說的。而「吹毛用了急須磨」者，正是這本心的變而不窮之謂也。〔註87〕

　　義玄寫完傳法偈後，又對眾人說：「吾滅後，不得滅卻吾正法眼藏。」他的弟子三聖就從眾人中走出來說：「爭敢滅卻和尚正法眼藏？」義玄問：「已後有人問，你向他道甚麼？」聖便作出喝聲。義玄說：「誰知吾正法眼藏，向這瞎驢邊滅卻。」說完後便端坐而逝。〔註88〕

　　3. 南嶽下二世、三世、四世

　　除了潙仰宗、臨濟宗之外，南嶽下二世有泉州龜洋無了禪師、米嶺和尚兩人，南嶽下四世有五臺山智通禪師人。這三位禪師的臨終偈，都是在宣說自己對真如本體的證境。

　　（1）龜洋無了

　　龜洋無了禪師是馬祖道一的法嗣，在臨終時寫偈：

> 八十年來辯西東，如今不要白頭公〔註89〕。非長非短非大小，還與諸人性相同。無來無去兼無住，了卻本來自性空。〔註90〕

〔註86〕宋・普濟，《五燈會元》卷第十一，頁649。
〔註87〕明・達觀真可，《紫柏老人集》卍新纂續藏經，第七十三冊，No. 1452《紫柏尊者全集》CBETA 電子佛典 V1.20。
〔註88〕依據宋・普濟，《五燈會元》卷第十一，頁649。
〔註89〕宋・道原，《景德傳燈錄》卷第八，頁358作「翁」。
〔註90〕南唐・靜筠編，《祖堂集》卷第十五，頁776。

龜洋無了首先表明對這色身的離棄，再宣說法身的不可描述性，法身沒有長短大小之分，是諸人本具而皆同的。而且，這法身也是本無去來無所住的空性。

（2）米嶺和尚

米嶺和尚，他也是馬祖道一的法嗣，於臨終時作偈：

> 祖祖不思議，不許常住世。大眾審思惟，畢竟只遮〔註91〕是。〔註92〕

禪宗祖師一脈相承、祖祖相傳的，就是這個不可思議的法門。所以他在臨終時開示學人，這個不可思議的法門，就是要眾人當下參悟自己的本心。

（3）五臺山智通

五臺山智通禪師，臨終有偈：

> 舉手攀南斗，迴身倚北辰。出頭天外看，誰是我般人。〔註93〕

「南斗」「北辰」都是天上的星辰，雖然在空間上是如此遼遠，但是都不出自性的當下一念，智通禪師的臨終偈中，透顯著解脫的自在。

（4）木陳從朗

木陳從朗的頌被收錄在《全宋詩》中，從朗是趙州從諗的弟子，所處的年代應該是唐朝。他臨終有頌：

> 三十年來住木陳，時中無一假功成。有人問我西來意。展似眉毛作
> 麼生？〔註94〕

從朗在頌中說明他在木陳寺三十年，其中的行住坐臥、揚眉瞬目，無一不是佛法，彰顯著佛法就在生活之中。

### （三）未詳法嗣

#### 1. 布袋和尚〔註95〕

布袋和尚（？～917）法名契此，又號長汀子，是五代後梁時期的僧人，因常背負一隻布袋開口而笑，人又稱布袋和尚、笑佛。布袋和尚於梁貞明三年丙子三月將示寂時，端坐於嶽林寺東廊下的磐石上，說偈後安然入寂，偈曰：

---

〔註91〕宋·普濟，《五燈會元》卷第三，頁177作「祇這」。
〔註92〕宋·道原，《景德傳燈錄》卷第八，頁355。
〔註93〕宋·道原，《景德傳燈錄》卷第十，頁510。
〔註94〕宋·道原，《景德傳燈錄》卷第十一，頁563。
〔註95〕在《景德傳燈錄》中列入卷二十七〈禪門達者雖不出世有名於時者十〉，在《五燈會元》中列入卷二〈西天東土應化聖賢附〉。

彌勒眞彌勒，分身千百億。時時示時人，時人自不識。〔註96〕

彌勒菩薩雖然於兜率天內院，教化那裡天界的眾生及菩薩們，但菩薩慈心度眾，化身千百億，來人間弘化示教，只可惜時人逢而不識。後人將他視爲彌勒的化身，宋代以後，一般佛寺常雕塑笑口常開的布袋和尚爲彌勒像，並將他安奉在天王殿正中。

### 2. 僧肇〔註97〕

僧肇（384～414）〔註98〕，爲鳩摩羅什門下著名弟子，著名的漢傳佛教思想家，將般若中觀思想中國化，爲三論宗的先驅人物，傳爲姚興〔註99〕所殺。僧肇遭秦主難，〔註100〕臨就刑說偈曰：

四大元無主，五陰本來空。將頭臨白刃，猶似斬春風。〔註101〕

這首偈中，顯證四大皆空，五陰無我的佛義，是知此身與虛空無二無別，故而劍刃斬頭，也只如揮空斬下一段春風而已。

### 3. 千歲寶掌和尚〔註102〕

寶掌和尚在顯慶二年（657）正旦，沐浴易衣趺坐，向弟子開示：

---

〔註96〕宋・道原，《景德傳燈錄》卷第二十七，頁 1758～1759。

〔註97〕在《景德傳燈錄》中列入卷第二十七〈諸方雜舉徵拈代別語〉，在《五燈會元》中列入卷六〈未詳法嗣〉。

〔註98〕蔡纓勳，〈僧肇般若思想（以不眞空論爲主）之研究〉，《國立臺灣師範大學國文研究所集刊》第 30 期（1986），頁 388：肇公之生卒年，歷代亦有異說：僧肇之生卒年，高僧傳作三八四～四一四年；但日人塚本善隆此有所訂正？認爲應該是三七四～四一一年，因爲從其學問根基和隨羅什求學之時間考察，都應該大於三十一歲，且古人抄寫四十爲「卌」，與「卅」相似，輾轉抄寫，可能弄錯。另外，亦有作三十二歲，如明憨山「肇論略注」。

〔註99〕姚興（366～416），十六國時期後秦皇帝。

〔註100〕蔡纓勳，〈僧肇般若思想（以不眞空論爲主）之研究〉，頁 388：景德傳燈錄第二十七卷記僧肇爲秦王所殺，臨死前曾留下偈語：「四大元無主，五陰本來空，將頭臨白刃，猶似斬春風。」然此說不確：宋曉月「肇論序」云：「作寶藏論進上秦王，秦王答旨慇懃。」可見宋人尚不知僧肇被殺之事。再者，傳燈錄載「肇被殺時，乞七日假著寶藏論」，但御選語錄謂「典刑之人，無給假著論之理……偈非師作，蓋訛傳焉。」

〔註101〕宋・道原，《景德傳燈錄》卷第二十七〈諸方雜舉徵拈代別語〉，頁 1765。

〔註102〕《五燈會元》卷第二〈西天東土應化聖賢附〉，頁 124～125：千歲寶掌和尚，中印度人也。周威烈十二年丁卯，降神受質，左手握拳。七歲祝髮乃展，因名寶掌。魏晉間東遊此土，入蜀禮普賢，留大慈。常不食，日誦般若等經千餘卷。有詠之者曰：「勞勞玉齒寒，似逆巖泉急。有時中夜坐，階前神鬼泣。」一日，謂眾曰：「吾有願住世千歲，今年六百二十有六。」故以千歲稱之。

本來無生死，今亦示生死。我得去住心，他生復來此。〔註103〕

寶掌和尚偈中的「本來無生死」，正是禪宗生死禪法的主旨，這種「本無生死」的禪旨，發展到宋代，宋代禪師每以此為臨終偈中的教誡。

唐、五代是禪宗臨終偈的初期，在許多作者當中，六祖惠能為中土第一人。此後，臨終偈的書寫，在青原、南嶽兩系上分別發展，作者人數大致相當，並無偏重的情形。

在兩系分別的發展上，青原系最早出現在青原下四世的洞山良价，人數最多者為青原下五世的 3 人，漸減為青原下六世的 2 人，及青原下七世的 1 人。南嶽系上，最早見於南嶽下三世的龜洋無了、米嶺和尚，再發展為南嶽下四世的臨濟宗的義玄、溈仰宗的慧寂、及五臺智通、木陳從朗。在臨終偈的內容上，東方禪師擺脫西方祖師臨終付法的傳統，東方禪師的臨終偈，多是他們對弟子及後人最後的教誨，內容大抵是闡明生死哲理，以及對第八識心如來藏體性的自我證境為主。

六祖的臨終偈對後代禪宗臨終偈的發展，當有啓發的作用。後代曹洞宗的洞山良价、溈仰宗的仰山慧寂、臨濟宗的臨濟義玄三位宗師，皆有臨終之作，這對禪宗臨終偈的書寫，當有莫大的示範和鼓動。龍門清遠（1067～1121）在臨終時說：「諸方老宿，臨終必留偈辭世。」〔註104〕故知宋代禪師於臨終時書偈辭世，已經蔚為普遍的風氣。龍晦以為：「自元明而下，臨終作偈不像宋代多，作偈水平也不如前。」〔註105〕所以，宋代禪宗的臨終偈，在禪宗歷史上的發展是最高峰的。

〔註103〕宋・普濟，《五燈會元》卷第二，頁 125。
〔註104〕宋・普濟，《五燈會元》卷第十九，頁 1262。
〔註105〕龍晦，〈說偈子〉《普門學報》第 25 期，2005 年 1 月，頁 16。

# 第三章　宋代禪宗臨終偈書寫背景與歷程

　　宋代禪宗臨終偈的書寫承唐五代發展，並逐漸形成波瀾壯闊之勢。在宋代禪宗各種《燈錄》和《語錄》中，留下大量禪宗臨終偈書寫的珍貴資料，從這些臨終偈的書寫中，可以看出禪宗臨終偈在宋代的發展背景及書寫歷程。

## 第一節　禪宗發展概況

### 一、禪宗的起源

　　「禪」原為禪那〔註1〕的簡稱，往往與「定」合稱，漢譯「靜慮」〔註2〕、「思惟修」〔註3〕、「棄惡」〔註4〕、「功德叢林」〔註5〕等，可說是一種修行的方式，為「三無漏學」與六度之一。隨著禪宗的發展，逐漸成為漢傳佛教中一個重要而且具備獨特理論意涵的用語，禪定成為佛法的基本組成部分。

---

〔註 1〕巴利語：jhāna，梵語：Dhyāna。

〔註 2〕靜慮即置心一處，寂靜審慮。

〔註 3〕思惟修：思惟正理而修習，其修習目的及思惟之理，則各有異，有大乘小乘及世間禪等，如小禪法之大安般守意經，四念住觀。大乘禪之華嚴六相十玄、法界三觀、天台一心三觀、淨土十六觀等。

〔註 4〕棄惡即捨棄一切惡法，遠離一切煩惱如呵五欲、棄五蓋，乃至斷見思惑、塵沙惑、無明惑等諸煩惱。

〔註 5〕功德叢林即以修學禪定能開顯自性智慧神通妙用等諸功德。

　　禪的思想和方法，最早可以追溯到印度古代的吠陀〔註6〕和奧義書〔註7〕，爲了「梵我同一」和「輪迴解脫」，就必須採用瑜伽〔註8〕等修行方法，瑜伽禪定曾爲印度婆羅門教和耆那教等許多教派所普遍採用。

　　釋迦牟尼曾修習過禪定，佛教也把禪定吸收爲修行的方法。不過，佛教對禪定的思想和方法都做了專門的闡釋及發展，並把佛教以外的禪稱之爲「外道禪」以示區別。佛教的禪主要有「小乘禪」和「大乘禪」，「小乘禪」一般都有比較固定的內容和行法，例如四禪八定等等。「大乘禪」則是在小乘禪基礎上的進一步發展，它一般不再拘泥於靜坐等某些固定的形式，而是依附於大乘教理學說，它作爲觀悟佛理的重要方法，與教理教義密不可分。隨著大小乘佛教的傳入，大小乘禪也傳入中國。

　　在達磨祖師西來以前，我國自東漢桓帝建和二年（148）就有小乘禪學的翻譯。中國最早禪法的著作是安士高翻譯的，後秦時代的鳩摩羅什、佛陀跋陀羅等人，已經開始將禪定修行的佛教經典引入中國。安士高爲佛教初期傳入最有聲望之譯者，其所譯禪籍多爲小乘禪。〔註9〕早期的先驅者是南朝宋時，中天竺僧求那跋陀羅，及其門下所建立的楞伽宗。在宗義上，他們與南印度的如來藏學派有密切的關係；在修持上，他們重視頭陀行與禪定。而鳩摩羅什、佛陀跋陀羅所譯的禪籍，多爲「大乘禪」。根據這些經典教授禪修方法的僧人被稱爲禪師，他們可以被視爲中國禪宗的先驅。但這些中國禪宗以前之禪，是依教修觀的禪，而禪宗則是直下會取本地風光之如來禪，這是其中的不同之處。

　　禪宗以「禪」立宗，禪宗的「禪」，溯源自印度釋迦牟尼佛於靈山會上的「拈花微笑」。在《大梵天王問佛決疑經》中，經文記載：佛在靈山，大梵天王請佛說法，以金色波羅花獻佛，佛拈花示眾，直示佛性，大眾根淺未識，

---

〔註6〕 是婆羅門教和現代的印度教最重要和最根本的經典。「吠陀」意思是「知識」、「啓示」。

〔註7〕 意爲「近坐」，引申爲「秘密傳授」古印度一類哲學文獻的總稱，是廣義的吠陀文獻之一。

〔註8〕 yoga，印地語，源於古印度文化，是古印度六大哲學派別中的一系，探尋「梵我一如」的道理與方法。而現代人所稱的瑜伽則是主要是一系列的修身養心方法，包括調身的體位法、調息的呼吸法、調心的冥想法等，以達至身心的合一。

〔註9〕 所譯禪籍如《人本欲生經》、《安般守意經》、《陰持入經》、《道地經》、《阿毘曇五法四諦經》、《十二因緣經》、《八正道經》、《禪行法想經》等。

而獨有迦葉領旨微笑。佛言：「吾有正法眼藏，涅槃妙心，實相無相，不立文字，教外別傳，付囑摩訶迦葉。」乃至多子塔前，分座令坐，以袈裟圍之，告迦葉曰：「吾有正法眼藏，密付予汝，付汝衣法，汝當守護。」〔註10〕故迦葉尊者為禪宗初祖。迦葉尊者傳二祖阿難尊者，依次傳至二十八祖菩提達摩尊者，達摩遠來中國傳授心法，而有了東土的禪宗。

中國禪宗奉菩提達摩（生卒年不詳）為東土初祖。菩提達摩意譯為覺法，菩提本意為覺悟，達摩本義則是「法」。達摩的身世，後世傳說甚多。他的弟子曇林說，他原是南天竺某國王子，後出家為僧，但《洛陽伽藍記》則記載他是西域波斯國人。〔註11〕根據《景德傳燈錄》記載，達摩在南北朝梁普通八年（527），乘船來到中國南海。達摩至中國後，廣州刺史蕭昂以禮迎接，並奏告武帝，武帝迎請達摩至金陵（今江蘇南京）與其談法。由於達摩與梁武帝的佛教理念不合，遂渡江止於嵩山少林寺，於寺中面壁九年，人稱「壁觀婆羅門」。他遊化嵩洛時教授禪法，主要的門徒有慧可、道副、尼總持、曇林等人。達摩卒於後魏孝明帝太和十九年，葬於熊耳山，起塔於定林寺。〔註12〕

達摩所教授的禪法以二入四行說為其主要理論，是以「壁觀」法門為中心。〔註13〕首先，他教授的是大乘佛法，所謂的「入道」，即是趣入菩提道。入大乘道的方法，簡要言之，一是理入，二是行入。理入者，是「深信含生同一真性，但為客塵妄覆，不能顯了」〔註14〕，這也是《楞伽經》所持的如來藏思想。禪宗之禪，其體為涅槃妙心，亦即是明心見性，見性成佛之如來禪。〔註15〕所謂如來禪是指頓悟本心，原無煩惱，本自清淨，具足一切法，

〔註10〕卍新纂續藏經，第一冊，No. 27《大梵天王問佛決疑經》卷一。

〔註11〕北魏・楊衒之，《洛陽伽藍記》（北京：中華書局，1991 年北京第一版），頁 16：「西域沙門菩提達摩者，波斯國胡人也。」

〔註12〕宋・道原，《景德傳燈錄》卷第三，頁 97〜106。

〔註13〕唐・宗密，《禪源諸詮集都序》卷上之二：「達摩以壁觀教人安心云，外止諸緣，內心無喘，心如牆壁，可以入道，豈不正是坐禪之法？」《傳燈錄》卷三：「為二祖說法，祇教曰：外息諸緣，內心無喘，心如牆壁，可以入道。」

〔註14〕梁・菩提達磨，《菩提達磨略辨大乘入道四行觀》《禪宗集成》1（台北：藝文印書館，1968 年版），頁 1。

〔註15〕吳汝鈞編著，《佛教思想大辭典》，頁 227 對「如來禪」的解釋是：如來禪又稱如來清淨禪、清淨禪。與祖師禪對說，這種禪將靈知之用收於實體性的無住之上，而為依體之用。這實體性的無住心即是如來藏自性清淨心。頁 378 對「祖師禪」的解釋是：這是將《般若經》與空宗的精神收於自心上來，開

毫無欠缺，與佛平等無二，不假外修，此爲達摩祖師所傳之禪。在悟入之後，還要發行，以四行〔註16〕在人世間克己利他。四行著重於勸人在日常生活中，按佛教教義苦下功夫。理入屬於理論，行入屬於實踐，即禪法結合教義。達摩的禪法，簡明而深入，展現了印度大乘佛教的眞面目，開展了中國禪宗的先聲。

## 二、禪宗在隋唐的發展

後世禪宗將菩提達摩尊爲東土初祖，奉爲中國禪宗的創始者。達摩後有慧可（487～593）、僧璨（？～606）、道信（580～651）、弘忍（601～674）繼承禪法。四祖道信擇地開居，接引道俗，舉揚禪風，其禪法以一行三昧、五門禪〔註17〕爲特色。五祖弘忍的東山法門是依道信的一行三昧爲基礎發展而成，東山法門承繼道信的《入道安心要方便法門》之禪旨，形成中國禪學的主流，在當時佛教界有崇高的威望。弘忍之後，東山法門遍佈於大江南北，在眾多的禪宗派系中，以神秀（606～706）和惠能（638～713）兩派影響最大。

神秀早年博覽經史，在禪宗第五祖弘忍門下稱爲上座，以「身是菩提樹，心如明鏡台，時時勤拂拭，勿使惹塵埃」〔註18〕一偈，表示對教義的理解，但沒有得到弘忍的認可。弘忍圓寂後，神秀去江陵當陽山玉泉寺弘揚禪法。武則天曾於久視元年（700）遣宋之問迎請，成爲長安、洛陽兩京法主，武則天、中宗、睿宗三帝親教授師，所傳教法主張漸悟之說，盛行於華北，號稱「北宗」。

惠能家貧以賣柴爲生，一日聽人讀誦《金剛經》而有所悟，便往謁五祖弘忍，以「菩提本無樹，明鏡亦非台，本來無一物，何處惹塵埃」〔註19〕得到弘忍認可，並入室爲其宣講《金剛經》，傳其衣缽定爲傳人。惠能歸返嶺南之後，於唐高宗儀鳳元年（676）在印宗門下剃度。儀鳳二年（677），韶州刺史韋璩仰其道風，率同僚請惠能入城，於大梵寺講堂爲眾說法，兼授無相戒。

---

出存在地實踐地「直指本心、見性成佛」的頓悟的禪法。

〔註16〕梁・菩提達磨，《菩提達磨大師略辨大乘入道四行觀》，頁1：「何等四耶？一報冤行，二隨緣行，三無所求行，四稱法行。」
〔註17〕五門禪：一者安般、二不淨、三慈心、四觀緣、五念佛。
〔註18〕唐・法海撰，丁福保注，《六祖壇經箋註》，頁71。
〔註19〕唐・法海撰，丁福保注，《六祖壇經箋註》，頁78。

僧尼道俗集者千餘人，門人法海編錄其法語。惠能在曹溪寶林寺（今廣東韶關南華寺），弘揚禪宗，主張「頓悟」，影響華南諸宗派，人稱「南宗」。禪宗在中國始於梁武帝時達摩祖師西來，而眞正的弘傳，可說始於六祖惠能於曹溪開堂說法。唐玄宗開元二年（730），在河南滑台（今滑縣）的無遮大會上，惠能弟子荷澤神會力辯神秀門人崇遠、普寂，使得「南宗」成爲中國禪宗正統。唐中期以後，南宗逐漸成爲禪宗主流，神秀一系和神會荷澤一系均活躍在北方，流行於中唐後均告衰落，代之而起的是南方惠能門下的南嶽和青原兩系。

出於南嶽一系的百丈懷海，其門下的有靈祐（771～853）及其弟子慧寂（814～890），先後以潭州潙山（湖南寧鄉縣境）和袁州（江西宜春）大仰山爲基地，建立了潙仰宗；黃檗希運（？～855）的弟子義玄（？～867），以鎮州（河北正定）臨濟禪苑爲中心，建立了臨濟宗。

出於青原一系的有良价（807～869）及其弟子本寂（841～901），先後以豫章高安洞山和撫州曹山爲道場，建立了曹洞宗；雪峰義存（822～908）的弟子文偃（？～949），在韶州雲門山建立了雲門宗；以及義存的三傳弟子文益（885～958），在金陵清涼寺創立了法眼宗。

五家接引學人，各有宗風。五宗接人契入本性之門徑方法雖然不同，但其掃除情識，徹證心源則是一貫的。在這五家當中，潙仰、雲門、法眼的歷史並不長，宋以後皆失傳，只有曹洞和臨濟流傳地區最廣，延續時間也最長。

## 三、禪宗在宋代的發展

在唐五代形成的禪宗五家，潙仰宗滅於唐朝末年，入宋之後已不傳。進入宋代以後，繼續傳播的有法眼宗、雲門宗、臨濟宗、曹洞宗。北宋禪僧契嵩在《傳法正宗記》卷八對各宗盛衰之由，有「得人」之說：

> 正宗至大鑒傳既廣，而學者遂各務其師之說，天下於是異焉，競自爲家。故有潙仰云者，有曹洞云者，有臨濟云者，有雲門云者，有法眼云者，若此不可悉數。而雲門、臨濟、法眼三家之徒，於今尤盛。潙仰已息，而曹洞者僅存，綿綿然大旱引孤泉。然其盛衰者，豈法有強弱也？蓋後世相承，得人與不得人耳。書不乎：苟非其人，

道不虛行。〔註20〕

契嵩稱各家的盛衰，在於得人與否。因為禪門的僧侶，不但要領導寺務，提倡宗乘，舉揚佛法，還要與地方官僚信士交往，以求政治的「外護」力量，使禪宗可以廣為流布。

法眼宗形成最晚，流傳時間也最短。法眼宗的創始人文益在立宗傳法的過程中，曾得到南唐國主的支持。文益圓寂後，被南唐中主李璟諡為「大法眼禪師」，後世遂名此宗為法眼宗。文益門下法嗣有 63 人，最有名且繼承法脈的是天臺德韶（891～972），而天臺德韶門下得法弟子有 49 人，以永明延壽（904～975）為上首。法眼宗在北宋時極為隆盛，但約在法眼下三、四世後便開始衰落，到了宋代中期，法脈即告斷絕，其間約一百年。

雲門宗由五代時的文偃創立，到了雲門下四、五、六世時，得到了空前的發展，這些著名的禪師如佛日契嵩、天衣義懷、慧林宗本、法雲法秀等禪師，使雲門宗在北宋盛極一時。南宋之後，禪宗傳播中心南移，隨著臨濟宗的興盛，雲門宗便逐漸從衰微而消亡。

曹洞宗在五代和宋初時期，宗脈不振，宋初的大陽警玄因找不到繼承人，死前託付臨濟宗浮山法遠的弟子投子義青代傳曹洞禪法。投子義青的弟子芙蓉道楷，對曹洞宗禪法有較大的推展。芙蓉道楷的弟子中以丹霞子淳最有名，丹霞子淳的門下有宏智正覺，在北宋末南宋初期提倡「默照禪」。在丹霞子淳的另一弟子真歇清了的門下，三傳至長翁如淨，日本道元入宋求法，將曹洞宗傳到日本。

臨濟宗由義玄創始，義玄上承曹溪六祖惠能，歷南嶽懷讓、馬祖道一、百丈懷海、黃檗希運的禪法，以其機鋒凌厲，棒喝峻烈的禪風聞名於世。臨濟宗通過義玄的弟子興化存獎（830～888）的法系而流傳繁衍，經過慧顒、延沼、省念、善昭等禪師的傳法，加上社會繁榮安定、朝廷的支持，迅速將臨濟宗推向興盛之路。

在善昭弟子石霜楚圓（987～1040）時，其弟子慧南（1002～1069）在南昌黃龍山建立黃龍派，另一弟子方會（992～1049）在筠州（江西高安）楊岐山建立楊岐派，它們與上述五家合稱「五家七宗」。

臨濟宗黃龍派在慧南下的二、三世時是最繁興的時期，慧南的弟子祖心、常總、克文；祖心的弟子惟清、悟新、善新；克文的弟子從悅等人，與他們

---

〔註20〕宋・釋契嵩，《傳法正宗記》卷八，《大正藏》，頁 763 下。

密切交往的有王安石、謝景溫、蘇軾、黃庭堅、張商英等士大夫，是在政治上或文學上較大影響力的禪師。南宋淳熙十四年（1187），日僧明庵榮西將黃龍派引入日本，使臨濟宗在日本得到極大的發展。

臨濟宗楊岐派的興起比黃龍派略晚，但在楊岐下二世五祖法演後迅速興起，在北宋末期和南宋初期，將臨濟宗楊岐派推向各地，隨著黃龍派的逐漸衰微，楊岐派成爲臨濟宗的主流，南宋後期的臨濟宗幾乎全屬楊岐派。南宋淳祐六年（1246），中國僧人蘭溪道隆東渡，把楊岐派禪法傳往日本。

# 第二節　宋代禪宗臨終偈書寫之分期及作者身分

## 一、宋代禪宗臨終偈書寫之分期

從《全宋詩》檢索得臨終偈的作者 114 人，這些禪師和居士分布在兩宋三百多年中，茲將其分爲北宋、南渡、南宋、宋亡四期（見附錄六），據《全宋詩》作者列表：

### （一）北　宋

北宋亡於 1127 年，凡卒於此年以前的作者及其作品屬之。北宋臨終偈作者有 38 人，以宗派可以分爲：

1. 雲門宗有 7 人：雲豁（942～1011）、曉聰（？～1030）、義懷（993～1064）、倚遇（1003～1079）、法泉、法明、楊傑。

2. 法眼宗 1 人：釋遇安（924～995）。

3. 曹洞宗 2 人：警玄（943～1027）、道楷（1043～1118）。

4. 臨濟宗 8 人：省念（926～993）、王隨（973～1039）、楊億（947～102）、谷泉（？～嘉祐中卒）、省回（992～1083）、源禪師（？～1085）、淨端（1032～1103）、眞如（？～1095）。

5. 臨濟宗黃龍派 12 人：慧南（1003～1069）、克文（1025～1102）、慧元（1037～1091）、慶閒（1029～1081）、慧日庵主、悟新（1043～1114）、張商英（1043～1121）、從悅（1044～1091）、普交（1048～1114）、系南（1050～1094）、梵卿（？～1116）、守卓（1065～1124）。

6. 宗派不詳者有 8 人：清豁（？～976）、玄應（910～975）、自在、智孜、知愼、儼和尙（？～1102）、張宗旦（？～1084）、米芾（1051～1107）。

## （二）南　渡

凡生於北宋而卒於南宋（1127 年以後）的作者列於此期。南渡時期的臨終偈作者有 43 人，以宗派可以分爲：

1. 雲門宗有 3 人：祖鏡（？～卒於紹興初）、廣燈（？～1137）、尼法海。
2. 曹洞宗 4 人：正覺（1091～1157）、景深（1090～1152）、智朋、齊禪師。
3. 臨濟宗 2 人：慧素（1075～1153）、道瓊（？～1140）。
4. 臨濟宗黃龍派 9 人：淨曇（1091～1146）、妙普庵主（1071～1142）、法一（1083～1158）、道震（1079～1161）、咸靜、宗印、祖珍、智策（1117～1192）、宗回（？～1149）。
5. 臨濟宗楊岐派 16 人：道初、清素（？～1135）、慧遠（1103～1176）、李彌遜（1089～1153）、智才（1067～1138）、士珪（1083～1146）、法忠（1084～1149）、道行（1089～1151）、世奇、馮楫（？～1153）、師體（1108～1179）、淵（？～1153）、宗杲（1089～1163）、鼎需（1092～1153）、印肅（1115～1169）、葛郯（？～1181）。
6. 宗派不詳者有 9 人：顯嵩（1058～1137）、慧昌、淨元（？～1135）、了證（？～1135）、晏和尚、邛州僧、子深（？～1173）、宗本（？～1146）、淨如（1037～1141）。

## （三）南　宋

凡生於南宋建炎元年（1127 年），卒於帝昺祥興元年（1279 年）的作者皆屬此期。南宋時期的臨終偈作者有 29 人，以宗派可以分爲：

1. 曹洞宗 1 人：如淨（1163～1228）。
2. 臨濟宗楊岐派 11 人：道濟（1148～1209）、師觀（1143～1217）、慧開（1183～1260）、普濟、祖先（1136～1211）、崇嶽（1132～1202）、慧性（1162～1237）、師範（1177～1249）、道沖（1169～1250）、智愚（1185～1269）、普度（1187～1255）。
3. 宗派不詳者有 17 人：寶曇（1129～～1197）、法祚、法慈、德輝（1142～1204）、王柟（1151～1213）、普濟（1179～1253）、文雅、淨眞（？～1239）、王老者、法照（1185～1273）、趙希彰、文顏（？～1267）、行元（？～1271）、李智遠（1234～1276）、妙印（1187～1255）、元聰（1136～1211）、淨慈東叟。

### （四）遺　民

茲將生於南宋覆亡（1279 年）之前，卒於元朝統一之後的作者列爲遺民，此時期的作者有四人，以宗派可以分爲：

1. 臨濟宗楊岐派 1 人：原妙（1238～1295）。

2. 宗派不詳者有 3 人：清溪沅禪師（1215～1281）、義翔、如禪師。

宋代禪宗臨終偈的寫作，因爲仰宗在宋代已經不傳，所以沒有臨終偈的作品。法眼宗臨終偈的寫作，僅有遇安一位禪師。雲門宗的臨終偈興盛於北宋，至南宋而無傳。曹洞宗的臨終偈從北宋、南渡、南宋一脈相承。臨濟宗的臨終偈興於北宋，臨濟宗黃龍派的臨終偈也於北宋時期蔚爲大流，並盛於南渡時期，至南宋後則無傳。臨濟宗楊岐派的臨終偈，則盛於南渡及南宋時期，並由遺民時期的原妙傳往後代。

從上述資料可以大致看出：宋代五宗七派中，臨終偈的發展狀況，與其宗派的興盛有密切的關係，可以說是依宗派之興而盛，因宗派之衰而亡。

## 二、宋代禪宗臨終偈作者之身分

宋代禪宗臨終偈作者之身分，大致可以分爲禪師、士大夫、平民三類。

### （一）禪　師

在宋代禪宗臨終偈的寫作中，禪師居於主流的地位。從唐代到宋代的發展來看，《全唐詩》中作者共 2,712 人、其中屬於佛門者有 115 人，〔註21〕占全數的 4%。《全宋詩》中作者 9,215 人，〔註22〕有作品的僧人高達 743 人，〔註23〕占全數的 8%，可見詩僧增加的情況。宋代文字禪盛行，禪僧輩出。劉方認爲禪宗思想之所以具有美學的性質，根本上在於禪宗思想大師所具有的詩人的性質和詩性的思考，並推崇禪師在於本性上是「眞正的詩人」。〔註24〕

〔註21〕據《全唐詩》卷 806～851 作者檢索。
〔註22〕唐宋詩詞作者及作品分佈地理資訊系
　　　http://tw.search.yahoo.com/search;_ylt=A8tUwZUYQuZR61gA05Zr1gt.?p=%E5
　　　%85%A8%E5%AE%8B%E8%A9%A9%E4%BD%9C%E8%80%85%E5%A4%9
　　　A%E5%B0%91%E4%BA%BA&fr2=sb-top&fr=yfp
〔註23〕據張弘泓責任編輯，《全宋詩 1～72 冊作者索引》，（北京：北京大學出版社，
　　　1999 年 12 月第一次印刷），頁 59～73。
〔註24〕劉方，《中國禪宗美學思想發生與歷史演進》（北京：人民出版社，2010 年 4

宋代禪師屬於雲門宗的禪師有 9 位、法眼宗有 1 位、曹洞宗 7 位之外，屬於臨濟宗的作者又居多數，其中臨濟宗 8 位、臨濟宗黃龍派 20 位、臨濟宗楊岐派 25 位，加上宗派不詳的禪師 31 位，宋代禪宗臨終偈的作者具禪師身分的共有 101 位。

宋代禪宗臨終偈的作者多爲禪師，屬於雲門宗的比丘尼法海，是宋代禪宗臨終偈中唯一的女性作者。《五燈會元》卷十六，名之以「西竺尼法海禪師」，可知禪門之中，對出家求法的比丘尼亦以「禪師」尊稱。

## （二）士大夫

士大夫參禪，早在唐代已成風尚，禪寺成爲文人學習和活動的地方。據《新唐書》記載：「天寶後，詩人多爲憂苦流寓之思，及寄興於江湖僧寺。」〔註 25〕除了「憂苦流寓之思」之外，據蕭麗華研究，從唐代宴坐詩中常見的內容，足見唐人參禪喜靜，已開展了林下風流。〔註 26〕唐代的李翺、王維、白居易、柳宗元、裴休等，都與禪宗有密切的關係。

到了宋代，士大夫的參禪學佛，才眞正進入全盛時期，〔註27〕有相當多的朝廷重臣和文壇領袖潛心禪學，或直接加入文獻整理的工作。例如景德元年（1004），道原編就《景德傳燈錄》呈送給朝廷，楊億修訂成三十卷，成爲第一部官修的禪書。宋代語錄盛行，士大夫亦喜歡爲之作序，《叢林盛事》稱：「本朝士大夫爲當代尊宿撰語錄序，語句斬絕者，無出山谷（黃庭堅）、無爲（楊傑）、無盡（張商英）三大老。」〔註 28〕足見士大夫對禪宗的喜好和尊崇。司馬光的〈戲呈堯夫〉說：「近來朝野客，無座不談禪。」〔註 29〕可見當時士大夫談禪的盛風。

另一方面，士大夫的禪學提高，宋代禪僧輩出，故而士大夫與禪僧的交往密切。例如翰林學士楊億和駙馬李遵勗與廣慧元璉、谷隱蘊聰、石霜楚圓

---

月），頁 18。

〔註25〕 北宋・歐陽修、宋祁、范鎮、呂夏卿等合撰，《新唐書》卷三十五〈五行志〉（上海：漢語大辭典，2004 年），頁 16452。

〔註26〕 蕭麗華，《唐代詩歌與禪學》（台北：東大圖書公司，1997 年 9 月），頁 60。

〔註27〕 劉方，《中國禪宗思想美學的思想發生與歷史演進》，頁 169。

〔註28〕 卍新纂續藏經，第八十六冊，No. 1611《叢林盛事》。
　　　　http://www.cbeta.org/result/normal/X86/1611_001.htm

〔註29〕 宋・司馬光，《溫國文正司馬公文集》卷十五，《四庫叢刊本》（上海：上海商務印書館），頁 171。

交往甚厚；蘇軾得法於東林常總，又參雲居了元；黃庭堅與祖心、悟新等結為方外契友；王安石不但參學於克文、了元，還捨建康舊宅為報寧寺。因為士大夫與禪僧的交往密切，使宋代文人參禪之風更為盛行。

　　士大夫學禪參禪，為脫生死，〔註30〕其中作者屬於雲門宗的有楊傑一人、臨濟宗有王隨、楊億二人、臨濟宗黃龍派有張商英一人、臨濟宗楊岐派有李彌遜、馮楫、葛郯三人。這七位士大夫的地位，在當時均名重一時，皆出於臨濟宗。王隨為省念門下弟子、楊億乃廣慧元璉（951～1036）法嗣、張商英乃兜率從悅（1044～1091）法嗣、李彌遜為圜悟克勤（1063～1135）法嗣、馮楫為龍門清遠法嗣、葛郯為靈隱慧遠法嗣，此七人皆精通禪理，為禪門之外護。除此之外，另有米芾、張宗旦、趙希彰三人，故而具士大夫身分者共有十人。

### （三）平　民

　　在宋代禪宗臨終偈的作者身分上，平民身分的僅有王楙、王老者、李智遠三人。他們的作品散見於民間著述，王楙有著作《野客叢書》，他的〈臨終詩〉見於書後所附的〈宋王勉夫壙銘〉中；王老者的〈豆腐詩〉見於《隱居通議》；李智遠的〈今朝〉見於《松風餘韻》。平民作者雖然為極少數，但也代表著禪宗思想在民間的流傳，展現著平民作者在生死之變時的禪風。

## 第三節　宋代禪宗臨終偈的書寫歷程

　　在宋代禪宗臨終偈書寫的相關情況，本論文以《全宋詩》的作者順序，其作者見於燈錄者，依《五燈會元》作統計列表，若作者不見於《五燈會元》，則各依其相關書籍，如語錄、行狀、方志等資料為依據（見附錄七）〔註31〕。

### 一、預知時至

　　有些禪師在辭世前，會預知時至，並書寫成偈。省念於太宗淳化三年（992）十二月四日午時，上堂說偈：

---

〔註30〕周裕鍇，《禪宗語言》（杭州：浙江人民出版社，1999年12月），頁162：「由於宋代士大夫學佛的目的是出於解決個人生死解脫問題以及文化整合的需要，……」

〔註31〕本節未註明出處皆引自（附錄七）。

今年六十七，老病隨緣且遣日。今年記卻來年事，來年記著今朝日。

〔註32〕

到了第二年，他於偈中所言之月日與時辰，上堂辭眾，言訖安坐而逝。省念於一年前即預知時至，在宋代禪宗臨終偈的作者中，應是預知辭世最早的記錄。

其次，有於數月前預知時至者，如張宗旦於卒前的兩月，以書信向親識辭別。馮楫於秋天時預報親友，期以十月三日報終。慧遠乙未秋示眾，果然在第二年的上元揮偈辭眾。而其他禪師多是於臨終的前幾日，如釋玄應前七日書辭陳公、警玄前三日陞座辭眾、智才八月望書偈，於二十三日集眾辭世。

在預知時至上最常見的，是禪師於前一日才宣說辭世的消息。例如淨端，因為病牙久不癒，就對大眾說：「明日遷化去。」又如慧日庵主，一日忽然告訴邑人：「吾明日行腳去，汝等可來相送。」像這樣於辭世的前一日宣說消息者，另外尚有倚遇、法明、道震、士珪、宗杲等禪師。

## 二、臨終行儀

### （一）書寫動機

禪宗臨終偈的作者，在臨終偈的書寫動機上，絕大多數都是作者主動以偈來辭世的，這類的狀況多以寄發書信、上堂辭眾、辭眾說偈、陞座說偈、殂日說偈、示寂日說偈等來交代。

除了作者主動書寫之外，也有少數是在弟子門人的懇請下書寫的。從〈附錄七〉中可知，淨端因病牙辭眾，眾人以為是戲語，仍請留偈；宗杲的侍僧了賢在請偈時，宗杲雖厲聲說：「無頌便死不得也。」但他還是揮筆寫了一偈。其他還有了證「侍者請益堅」、道震因「左右固請留頌」、法慈「其徒亟忽請留頌」、師觀「侍僧請留偈」、道沖「寺僧請偈」、師範「其徒以遺偈為請」、普濟「眾人仍哭著請求再遺一偈」等。

有些禪師雖然經過弟子請求，但仍然拒絕書寫臨終偈。例如宗本禪師在臨終時門弟子環繞請偈，請求他勉強安坐以宣化道俗，他熟眂著弟子說：「癡子，我尋常尚懶作偈，今日特地圖個甚麼？尋常要臥便臥，可今日特地坐也。」他拒絕起身寫偈，僅揮筆一句「後事付守榮」以交代後事。〔註33〕又如龍門

〔註32〕宋・普濟，《五燈會元》卷第十二，頁683。
〔註33〕宋・正受，《嘉泰普燈錄》卷第三（高雄：佛光出版社，1994年12月），頁

清遠佛眼禪師對弟子的請偈，以「世可辭耶？」來拒絕。〔註34〕所以清遠的弟子文璉臨終時，弟子請他留頌，他說：「先師龍門最後垂範嘗曰：『無世可辭，無法可說，無頌可留。』吾豈負先師意耶？」〔註35〕可見宋代有些禪師對臨終留偈有著拒絕的態度。

## （二）臨終咐囑

一般來說，禪師和士大夫在臨終前，大致會對弟子門人或親朋好友有所咐囑。這種臨終咐囑的內容，有時是寺務及宗門大事，如釋倚遇以院務誡知事、淨曇辭朝貴囑咐院事、克文所遺戒弟子的皆「宗門大事，不及其私」。除此之外，這臨終咐囑通常會是勉勵向道和後事的處理。

在勉勵學人努力向道方面，如廣燈敘平昔參問，勉眾後引筆書偈；守卓激切勸戒學者；馮楫於臨終時在後廳踞於高座，囑咐官吏及道俗的朋友各宜向道；了證送客出洞，歸謂侍者曰緣盡，當緊𩏩草鞋〔註36〕為別；葛郯臨終時，召僚屬開示生死之道，〔註37〕而臨終偈通常在一番咐囑之後書寫。

在後事的處理上，中國佛教對後事的處理，承襲印度佛教之風，即實行火葬，這是佛門的定規，在於「令其離分段之假而證常住之法身也」〔註38〕。而火化之後骨灰入塔是為常例，或有異於此者，自然會對弟子作後事的咐囑，例如清豁欲入山待滅，咐囑門人將遺骸施諸蟲蟻；從悅及普濟都遺誡門人，於火葬後將骨灰撒於江中；正覺寫信給宗杲請主後事，這些都是對後事的付囑。

## （三）沐浴更衣

病僧圓寂後，延壽堂堂主便會立即稟告維那，維那便會派堂司行者燒湯，然後庫司派人給亡僧沐浴淨髮，才能進行火化。〔註39〕因此，一般亡者的沐浴更衣多在死亡之後進行。

---

138。

〔註34〕宋‧普濟，《五燈會元》卷第十九，頁1262。

〔註35〕宋‧正受，《嘉泰普燈錄》卷第十六，頁636。

〔註36〕雷漢卿，《禪籍方俗詞研究》（成都：巴蜀書舍，2010年11月），頁31：「緊𩏩草鞋」，隱喻努力參禪。

〔註37〕宋‧普濟《五燈會元》卷第二十，頁1369：「生之與死，如晝與夜，無足怪者。若以道論，安得生死？若作生死會，則去道遠矣。」

〔註38〕張運華，《中國傳統佛教儀軌》（臺北：立緒文化事業有限公司，1998年2月），頁221。

〔註39〕張運華，《中國傳統佛教儀軌》，頁225～226。

在宋代禪宗臨終偈的作者中，有的在生前即沐浴更衣，例如遇安沐身易衣安坐，於咐囑弟子後自行入棺；省回於淨髮沐浴後辭眾說偈；士珪沐浴更衣，眾集就坐後汩然趨寂；法慈辭世時正當盛暑之際，他令左右侍者準備湯沐，澡浴後換上潔淨的衣服端坐而逝。在居士方面有李彌遜索湯沐浴畢，遂趺坐作偈；李智遠忽沐浴冠裳，歛身危坐而逝。如此沐浴更衣、從容安坐而逝者共有 14 例。

## 三、死亡原因

### （一）原因不明

宋代禪宗臨終偈作者之辭世，有明言是「無疾而逝」者，如真如「無疾說偈，別眾趨寂」〔註 40〕。而大部分的作者，在相關書籍中，並沒有書寫其辭世的原因，僅交代其即將辭世的事實和情況。在交代辭世的事實上，如「將順世」、「將示寂」、「臨示寂」、「臨寂示偈」等，這一類的禪者如玄應、慶閑、系南、齊禪師、王隨、悟新等。

由於有一些作者在臨終前沒有特別的狀況，記載就以「忽書偈」、「一日忽寫偈」來寫臨終的突然。例如吉州龍泉縣有一位賣豆腐的王老者，年紀八十六，平生樸素，不識字。他在咸淳年間的某一日，忽然呼叫他的兒子，說他要回去了，令他的兒子代為書寫一首豆腐詩後，便坐著化去。〔註 41〕這樣以「忽書偈」、「一日忽寫偈」的例子，還有源禪師、文雅、智孜、道楷等禪師。

### （二）因疾辭世

在禪宗臨終偈的作者中，有明言有疾，如釋祖先「師苦脾疾，忽一日，付囑後事，親作遺書，別常所厚善者，至晚，書四句偈，……書訖，端坐而化。」〔註 42〕不言有疾，而以「師一日不安」者如曉聰。也有明言「示疾」或「感疾」、「若有疾」而逝者，如法秀、道行、葛郯、元聰、法照、道濟等禪者。

有些禪師或居士在記載中，雖然於辭世前顯露病相，但在疾病上多以「微」字加以形容，例如「示微疾」或「微恙」、「俄示微恙」、「忽感微疾」者，像這樣的例子有咸靜、李彌遜、景深、慧遠、師體、崇嶽、慧性、普度、智愚等。

---

〔註40〕 宋・普濟，《五燈會元》卷第十二，頁 756。
〔註41〕 元・劉壎，《隱居通議》十（台北：廣文書局，1971 年），頁 305。
〔註42〕 宋・圓照等編，《破菴和尚語錄》收入《禪宗集成》16，頁 10996。

在辭世前面對疾病的態度，有些禪師以「卻藥屏醫」來面對，例如慧性感染微疾，卻譚笑卻藥，書偈辭眾。又如法照於秋天示疾後，便移居塔院，卻藥屏醫，作文自祭，於中秋之夕書寫偈子，然後擲筆端坐而逝。

### （三）因事辭世

在宋代禪宗臨終偈的作者中，有四位因為官事而辭世，分別是谷泉、自在、僧宗回、卭州僧四人。其中谷泉、僧宗回、卭州僧三人，有著對「報冤行」〔註43〕的實踐。

在宋代時，寺院由國家管理，住持為一寺之長，禪師對於這些中央或地方的差遣召命，有時是因為不可辭，所以勉而就職。但也有拒不赴命者，在宋代如此拒絕召薦而辭世者，有世奇首座、法泉、道瓊、智朋四位禪師。

## 四、死亡姿勢

據蔡榮婷的研究，西土祖師臨終時的姿勢，大抵有於座上入定、在空中入滅，採立姿入滅等三種類型。〔註44〕而東土祖師則有右脇而臥、結跏趺坐、倒立、垂一足、自縊縶逐門而卒等五種類型。其中，禪師的死亡又以採用跏趺者居多。〔註45〕

在宋代禪宗臨終偈作者的死亡姿勢上，從〈列表七〉可知，有些在書籍中並未明確交代，僅言「言訖而寂」如應玄、「瞑然而逝」如雲豁、「言卒而沒」如克文、「停筆而化」如警玄。這樣的用語還有「言卒而化」、「汩然而化」、「奄然而逝」、「歙目而逝」等等，這些都僅及辭世的安然神情，而沒有對姿態的表述。另外有些僅在交代辭世遺偈的事實，而無論及辭世時的神情和姿勢，如王隨的「臨終書偈」、儼和尚的「示寂遺偈」、悟新的「臨寂示偈」、齊禪師的「示寂日說偈遺眾」、淨如的「作頌辭眾」、祖珍的「將化說偈」等。

在宋代禪宗臨終偈作者的死亡姿勢上，有明確寫明死亡時之姿勢，有倚

---

〔註43〕梁・菩提達磨，《菩提達磨大師略辨大乘入道四行觀》收入《禪宗集成》1，頁1：「報冤行」為行入之一：「謂修道人若受苦時，當自念言：我往昔無數劫中，棄本從末，流浪諸有，多起冤憎，違害無限，今雖無犯，是我宿殃，惡業果熟，非天非人所能見與，甘心甘受，都無冤訴。經云：「逢苦不憂，何以故？識達故，此心生時與理相應，體冤進道，故說言報冤行。」

〔註44〕蔡榮婷，〈《祖堂集》死亡書寫研究──以佛陀與西土祖師為核心〉，頁72～73。

〔註45〕蔡榮婷，〈《祖堂集》死亡書寫研究──以東土祖師為核心〉，頁48。

杖、臥姿、結跏趺坐三種。

倚杖而逝是一種少見的死亡姿勢，在宋代禪宗臨終偈的作者中，這樣的姿勢有兩則。「杖」即錫杖，〔註46〕禪師上堂時，常以振舉錫杖，用以啟示玄機、指點妙義。宗印一日普說罷，對著眾人說：「諸子未要散去，更聽一頌。」於是便說一頌，下座後倚杖而逝。〔註47〕釋淵臨示寂時，上堂拈拄杖示眾曰：「離卻色聲言語，道將一句來。」眾人無所對，他便說了一偈，說完後倚杖而逝。〔註48〕

以「臥姿」辭世有三則，其中的兩則分別是義懷的推枕而寂、和倚遇擲杖投牀枕臂而化，而遇安的臨終是比較有戲劇色彩的一則。

遇安臨終時，有嗣子侍立於旁，遇安乃說偈付囑，又以香水沐身，易衣安坐，令人舁抬棺木到房中。良久，自己入棺。經過了三日，門人與本寺瑜闍梨因難捨而開啟棺木，見到遇安右脇吉祥而臥，大眾哀慟，遇安只好再起身升堂說法，並訶責垂誠說：「此度更啟吾棺者，非吾之子。」說完復入棺長往。〔註49〕所以遇安死亡的姿勢，是自己入棺右脇吉祥而臥的臥姿。

在宋代禪宗臨終偈的作者中，「結跏趺坐」是最多見的姿勢。「結跏趺坐」又稱結加趺坐，略稱結跏、跏坐、跏趺。〔註50〕在有關臨終「結跏趺坐」的用語上，最多的是「趺坐」13則、其他如「端坐」9則、「跏趺」6則、「安坐」、「坐逝」各四則、「坐亡」3則、「坐化」2則、「坐」、「坐脫」、「燕坐」、「危坐」、「起坐」、「趺化」、「高坐」各1則。故而可以看出，在《全宋詩》禪宗臨終偈的114的作者中，明言採取「結跏趺坐」的有48則。

有些禪師死亡的姿勢，並未明白寫出是「結跏趺坐」，但於書寫臨終偈前後的描述，也應該是屬於以「坐」的姿勢辭世，這樣的情況多見於禪師集眾陞座的場合，如祖鏡使擊鼓集眾，陞座召大眾說偈，然後擲下拄杖，斂目而逝；廣燈令集眾引筆書偈，置筆而逝；淨曇揮扇書偈，收足而化。這樣的例子尚有從悅、智才、慧昌、道震、宗回、慧元等禪師。

---

〔註46〕楊維中、陳利權、楊明、吳洲著，《中國佛教百科叢書・儀軌卷》（台北：佛光文化事業有信公司，1999年），頁273：（梵文：Khakkhara），音譯為吃棄羅，又稱聲杖、智杖、德杖、金錫等。是僧侶所持用具，為比丘十八物之一。

〔註47〕宋・普濟，《五燈會元》卷第十八，頁1208。

〔註48〕宋・普濟，《五燈會元》卷第二十，頁1383。

〔註49〕宋・普濟，《五燈會元》卷第十，頁616。

〔註50〕吳汝鈞編著，《佛教思想大辭典》（臺北：臺灣商務印書館，1999年），頁450。

蔡榮婷認爲東西土祖師們豐富多變的死亡姿勢，彰顯著禪宗祖師離世時的自由與自在。他們嘗試使用奇異的新姿態，固然帶有互別苗頭的戲謔意味，但也可以看出禪宗祖師挑戰死亡、挑戰肉體極限的勇氣。〔註51〕宋代禪宗臨終偈作者的臨終姿勢，和東西土祖師比較起來，沒有那麼豐富多變，除倚杖、臥姿之外，多以結跏趺坐的姿勢辭世。

## 五、遺體處理

禪宗對於遺體的處理，一般是採取火葬後入塔，或全身入塔。在宋代禪宗臨終偈作者中，有些作者在相關書籍中，遺體處理的方式未被清楚說明。一般而言，宋代禪師的遺體，通常也是採用全身入塔或火葬後入塔供養兩種方式。

「塔」因收納不同又分「眞身塔」和「灰身塔」。「眞身塔」是供養高僧之眞身所建之塔，而「灰身塔」則是高僧火化後，收其遺燼，築塔以藏之者。〔註52〕宋代禪宗臨終偈作者中，從〈附錄七〉可知，全身入塔者如義懷「塔全身寺東之原」、宗杲「塔全身於明月堂之側」、正覺「奉全軀塔于東谷」、慧遠「塔全身於寺之烏峰」，如此「全身入塔」的有11則。而火化後入塔者如省念「荼毗收舍利建塔」、雲豁「荼毗獲舍利建塔」、士珪「荼毘獲舍利，奉靈骨塔於鼓山」，若此火葬後收其骨灰藏於塔的有20則。其中有從悅和普濟兩位禪師，曾對弟子遺言荼毘後將骨灰散於江中，但分別因爲張商英和前資尹趙公的阻止而建塔存奉。

禪師在火化後記載有舍利者有21則，對舍利的描述通常以「五色」來形容，例如道沖「荼毗舍利五色粲然」、師觀「舍利無數，皆成五色」、悟新「荼毗設利五色」等。除此之外，對火化後的遺骨尚有省回的「齒頂不壞」、眞如「目睛齒爪不壞」、道行「齒舌不壞」的記載，以象徵禪師的道行。

另外，於火葬後並未入塔者有清豁，他欲入山待滅，就對門人說：「吾滅後將遺骸施諸蟲蟻，勿置墳塔。」說完後就走入湖頭山，坐在磐石上儼然長往。他的遺體延留了七日，竟然沒有蟲蟻侵食，於是就地火化，將骨灰散於林野之間。〔註53〕這樣火化後散諸林野之間，在宋代是一個比較特殊的例子。

〔註51〕蔡榮婷，〈《祖堂集》死亡書寫研究——以東土祖師爲核心〉，頁48。
〔註52〕釋大願，《舍利與肉身》（魚池鄉：人乘佛刊，2007年），頁295。
〔註53〕宋・普濟，《五燈會元》卷第七，頁491。

# 第四章　宋代臨濟宗之臨終偈

　　自唐五代形成了禪宗五家，潙仰宗入宋後已不傳，法眼宗於北宋流行數十年後衰落，宋代禪宗的歷史，主要就是臨濟宗、雲門宗和曹洞宗的歷史。在這三個宗派中，臨濟宗是流行最長遠的一宗。本章論文首先論述臨濟宗的成立與發展，及臨濟宗在宋代的發展狀況。在臨濟宗臨終偈的研究上，以首山省念、李遵勗、楊億三人爲代表人物。

## 第一節　臨濟宗之成立及發展

### 一、臨濟宗之成立

　　臨濟宗是五宗中創立最早的宗派，創始於臨濟義玄（？～867 年）。義玄自幼超塵脫俗，剃度受戒後，即往黃檗禪師〔註1〕會下參禪。他三度參叩「如何是祖師西來意」，三度遭到禪師痛打，但仍無法領悟佛法。於是，黃檗便指示義玄前往大愚禪師處，義玄於大愚之處開悟。

　　義玄除了從黃檗希運處學法，也多次到外地遊方，其後前往鎭州（今河北正定）滹沱河畔建臨濟院，舉一家宗風而大張於天下，後世遂稱之爲「臨濟宗」。臨濟義玄繼承道一及希運「觸類是道」的思想，進一步提出「立處即眞」的主張，強調任運自在，隨緣而行。

　　義玄接化學人，每以叱喝顯大機用，世有「臨濟喝，德山棒」之稱。義

―――――――――――――――――
〔註1〕希運禪師（？～850 年）。

玄接化學人的手段，主要有「臨濟三句」、「三玄三要」、「臨濟四喝」、「四賓主」、「四料簡」、「四照用」。臨濟義玄以其機鋒凌厲，棒喝峻烈的禪風聞名於世。《人天眼目》卷二上說：

> 臨濟宗者，大機大用，脫羅籠，出窠臼。虎驟龍奔，星馳電激。轉天關，斡地軸，負沖天意氣，用格外提持。卷舒擒縱，殺活自在。……要識臨濟麼？青天轟霹靂，陸地起波濤。〔註2〕

據《景德傳燈錄》卷第十二，義玄有嗣法弟子興化存獎（？～924）、三聖慧然、灌溪志閑等 22 人，著名而有語錄傳世者 16 人。這些弟子傳法的地區，以在長江以北爲多，而後世臨濟的子孫皆出於存獎之門下，興化存獎以魏府興化寺爲傳法中心。存獎下傳弟子慧顒（？～952），慧顒生活在唐末及五代，在汝州（今河南汝州）寶應寺傳法。慧顒傳風穴延沼（896～973），延沼生活在五代末至宋初，在汝州風穴寺傳法。延沼深得臨濟玄要之旨，大宏臨濟宗風，汝州於是成爲五代、宋初臨濟宗的重刹。延沼的弟子首山省念（926～993）後，臨濟宗在宋代得到長足的發展。

## 二、臨濟宗在宋代的發展

從臨濟宗的發展來看，它主要是通過興化存獎這一支而流傳繁榮後世的。〔註3〕臨濟宗在進入北宋後，與雲門宗相併盛行。風穴延沼的弟子中，省念最爲有名。延沼的法嗣，據《五燈會元》記載有首山省念、廣慧眞禪師、長興滿禪師、潭州靈泉和尙等四人，但其後臨濟宗的法嗣（南嶽下九世）全部出於省念門下。

省念在北宋初先後在汝州的首山、廣教寺、寶應寺傳法，門下培養出不少傑出的弟子，例如汾陽善昭（947～1024）、葉縣歸省、神鼎洪諲、谷隱蘊聰、廣慧元璉、三交智嵩等禪師。楊曾文認爲當時社會相對穩定，經濟文化日趨繁榮，佛教在中央朝廷和各州縣政府的支持下比較盛行，其中以雲門宗、臨濟宗最有影響。〔註4〕在皇室和各州縣政府的支持下，加上省山弟子的宏法，臨濟宗開始走向興盛。在省山弟子中，最著名的是善昭，他開創了以「頌

---

〔註2〕 宋・智昭集，《人天眼目》卷二，收入《禪宗集成》5（台北：藝文印書館，1968 年版），頁 3031。

〔註3〕 楊曾文，《宋元禪宗史》（北京：中國社會科學出版社，2006 年 10 月），頁 219。

〔註4〕 楊曾文，《宋元禪宗史》，頁 233。

古」為主要內容的「文字禪」，開闢了禪學發展的一條新途徑，「文字禪」成為宋代禪學的主要特點之一，臨濟宗也因此大盛。善昭門下也培養了許多優秀的弟子，其中最有名的是石霜楚圓（986～1039）。從楚圓開始，臨濟宗的發展規模日益擴大，臨濟的宗風也由河北、河南擴展到南方各地，並逐漸使臨濟宗盛行於天下。

在法系上，從石霜楚圓的法系門下，形成黃龍、楊岐二派，禪宗史上把這兩派，和唐末以來的五家，合稱為「五家七宗」。黃龍派開宗者為慧南（1002～1069 年），因其住黃龍山（在今江西南昌）而得名。楊岐派開宗者為方會（992～1049），因住楊岐山（在今江西萍鄉北）而得名，兩派都盛行於南方。南宋時，黃龍派趨於衰落，楊岐派遂為臨濟宗之正統。

## 第二節　宋代臨濟宗臨終偈的代表人物

臨濟宗的臨終偈，始於臨濟義玄。五代時雖有臨濟宗禪師有關臨終的書寫，但未見有臨終偈，直到宋代省念之後，臨終偈才漸漸開始蔚為風氣。

臨濟宗的臨終偈作者，在南嶽下八世有首山省念，南嶽下九世有王隨，南嶽下十世有谷泉、楊億，南嶽下十一世有省回、源禪師、淨端，南嶽下十二世有真如，南嶽下十四世有慧素、道瓊，外加南嶽下十世的李遵勗，共計為十一人（見附錄八）。

在宋代臨濟宗臨終偈中，王隨的〈臨終作〉表達「去住本尋常」之理，釋谷泉的〈偈〉寫他在獄中服役時的怡然歸去，省回的〈辭眾偈〉、源禪師的〈臨終偈〉皆略述平生，並以雲月之喻作為色身和自性的象徵。淨端的〈偈〉以幽默之筆寫「得死是便宜」，真如的〈示寂偈〉、慧素的〈臨終偈〉闡寫生死之變及本體的境界，道瓊的〈寄弟子慧山偈〉則為拒絕召薦。本節以首山省念、李遵勗、楊億三人為代表人物。

## 一、首山省念

### （一）首山省念生平

省念〔註5〕（926～993）幼年在汝州南禪院出家，為人簡重有精識，專修

---

〔註 5〕俗姓狄，萊州（今山東蓬萊）人。

頭陀行，因誦《法華經》，所以叢林稱他爲「念法華」。後來，省念到汝州的風穴寺當知客，住持是風穴延沼禪師。傳說唐朝仰山慧寂曾預言「臨濟一宗，至風而止」，〔註6〕臨濟宗從興化存獎、南院慧顒、到了風穴延沼，已經呈現衰落之勢，延沼對這個讖言深感恐懼。〔註7〕

一日，省念侍立於一旁，延沼垂涕說：「不幸臨濟之道，至吾將墜於地矣。」這時，省念便自我推薦，但是延沼以省念猶耽於《法華經》不肯放下，便爲省念上堂說法，舉世尊以青蓮目顧視大眾之事，說：「正當恁麼時，且道說個甚麼？若道不說而說，又是埋沒先聖，且道說個甚麼？」省念聽後拂袖下去，延沼也擲下拄杖歸回方丈。這時，有侍者問延沼：「念法華因甚不祗對和尚？」延沼答：「念法華會也。」表示省念已經參悟其道了。

省念得到延沼的印可之後，〔註8〕離開風穴寺。據《禪林僧寶傳》卷三記載，省念居於汝州城外荒遠之處，投到他門下的，皆是叢林精練的衲子，省念加以勘驗，僅留下二十多人，「然天下稱法席之冠，必指首山」。〔註9〕省念先後在汝州首山、廣教寺、寶應寺傳法，這三處法席都有「海眾常臻」的盛況。從《五燈會元》目錄中可知，臨濟下二世有 22 人、下三世有 13 人、下四世延沼時僅餘 3 人、下五世省念時 4 人、下六世時增爲 12 人，皆出於省念門下，下七世時更高達 34 人。可知省念之後，門下傳承漸趨繁盛，且名家輩出，使臨濟宗綿延不絕。省念卒於太宗淳化四年，年六十八歲。〔註10〕

省念生平及禪法見於《景德傳燈錄》卷第十三、《天聖廣燈錄》卷第十六、

---

〔註6〕 宋・普濟，《五燈會元》卷第十一，頁 679：「風穴每念：『大仰有讖，臨濟一宗，至風而止。』懼當之。」

〔註7〕 宋・賾藏主集，《古尊宿語錄》卷八收入《禪宗集成》12（台北：藝文印書館，1968 年版），頁 7392：風穴延沼於開寶六年八月旦日，於坐化前十五日，登座說偈曰：「道在乘時須濟物，遠方來慕自騰騰。他年有叟情相似，日日香煙夜夜燈。」偈中表達出佛道濟物的悲慈，及對傳燈法脈的殷念。

〔註8〕 宋・普濟，《五燈會元》卷第十一，頁 679：次日，師與眞圓頭同上，問訊次，穴問眞曰：「作麼生是世尊不說說？」眞曰：「鵓鳩樹頭鳴。」穴曰：「汝作許多癡福作麼？何不體究言句。」又問師曰：「汝作麼生？」師曰：「動容揚古路，不墮悄然機。」穴謂眞曰：「汝何不看念法華下語。」師受風穴印可之後，泯跡韜光，人莫知其所以。

〔註9〕 宋・惠洪撰，《禪林僧寶傳》卷第三（高雄：佛光出版社，1994 年 12 月），頁 186。

〔註10〕 以上除注明出處外，主要依據宋・普濟，《五燈會元》卷第十一，頁 679～683。並參考《景德傳燈錄》卷第十三、《天聖廣燈錄》卷第十六、《禪林僧寶傳》卷第三。

《五燈會元》卷第十一、《禪林僧寶傳》卷第三、及《古尊宿語錄》卷八。

### （二）生死禪法──新婦騎驢阿家牽

禪家爲了生死，故常以生死爲問。《古尊宿語錄》記載，省念抄錄雪峰弟子鏡清道怤禪師（864～937）的十二則問答，每一則皆附有雪峰另一弟子翠岩令參的答語，稱「代三轉」。其第五則如下：

> 問：「明知生是不生之相，爲什麼卻被生之所流？〔註11〕」清云：
> 「明知無力。」岩云：「不關老兄事。」師代云：「自領過」。又云：
> 「喚什麼作生死？」又云：「爭得不知有？」〔註12〕

對「明知生是不生之相，爲什麼卻被生之所流？」這個問題，鏡清道怤的回答「明知無力」，是說雖解其理而行證上未有能力。翠岩令參的「不關老兄事」，是指未能解脫之事與事理無關。省念則認爲「自領過」之外，反問：「喚什麼作生死？」在《次住廣教語錄》記載：

> 問：「十二時中作何行業即免生死？」師云：「你喚什麼作生死？」
> 僧云：「與麼則無生死可免。」師云：「大眾盡皺眉。」〔註13〕

有一僧人問在十二時中，當有何作爲可以免除生死，省念反問「你喚什麼作生死？」禪宗之宗風，答語每從反詰問處著手。其實，要明白自我佛性的本無生死，就要先相信自我本有的佛性，佛性是本無生滅、本無生死的。省念在入院上堂時說法，要人對自我的佛性要有自信。他說：

> 諸上座，佛法無多子，只是你諸人自信不及。若也自信得去，千聖
> 出頭來你面前，亦無下口處。何故？只爲你自信得及，不向外馳求，
> 所以奈何不得。〔註14〕

省念要學人自信本具的「自性」，亦即佛性、覺性。眾生的自心、本性就是佛，眾生要相信自我之本性，要回歸本性。在回歸本性上：

> 問：「如何是佛？」師云：「新婦騎驢阿家牽。」僧云：「未審此語甚

〔註11〕明‧瞿汝稷編集，廖進生整編，《指月錄》（台南：和裕出版社，2008 年 1
　　　　月），頁 69：有菴婆女與文殊的問答，菴婆女問文殊：「明知生是不生之法。
　　　　爲甚麼被生死之所流。」文殊回答：「其力未充故。」後有進山主問修山主
　　　　云：「明知生是不生之法。爲甚麼卻被生死之所流？」修云：「畢竟成竹去。
　　　　如今作篾（一本作筏）使得麼？」

〔註12〕宋‧賾藏主集，《古尊宿語錄》卷八，收入《禪宗集成》11，頁 7402。

〔註13〕宋‧賾藏主集，《古尊宿語錄》卷八，頁 7397。

〔註14〕宋‧賾藏主集，《古尊宿語錄》卷八，頁 7393。

麼句中收？」師曰：「三玄收不得，四句豈能該！」僧云：「此意如何？」師云：「天長地久，日月齊明。」〔註15〕

「新婦騎驢阿家牽」說明佛法就是回歸自性（佛性）。省念的「新婦騎驢阿家」，就是教示學人從現象界回歸本體界，回歸到自我的佛性。省念並進一步對佛性描述，說明佛性超言絕象，非文字所能該陳。此一句「新婦騎驢阿家牽」影響禪林，《禪宗頌古聯珠通集》卷第三十六，有十八則以此句為頌。佛國唯白禪師讚之為「首山有語古今傳」。〔註16〕以其中四則為例：

徑山杲：

> 新婦騎驢阿家牽，步步相隨不著鞭。歸到畫堂人不識，從今懶更出人前。〔註17〕

護國元：

> 阿家新婦最相憐，新婦騎驢家便牽。幾度醉歸明月夜，笙歌引入畫堂前。〔註18〕

五祖演：

> 莫問新婦阿家，免煩上路波吒。〔註19〕遇飯喫飯，遇茶喫茶。同門出入，宿世冤家。〔註20〕

鼓山珪：

> 阿家新婦兩同條，咫尺家鄉路不遙。可笑騎驢覓驢者，一生錯認馬鞍橋。〔註21〕

徑山杲即徑山宗杲禪師，護國元即護國景元禪師，兩人都是圓悟克勤的法嗣。兩首頌都以新婦與阿家（丈夫）間的纏綿相隨，說的是禪宗最基本的即心即佛，佛不離我的道理。〔註22〕五祖法演則闡發臨濟義玄「赤肉團上有一

---

〔註15〕宋・賾藏主集，《古尊宿語錄》卷八，頁 7399。

〔註16〕宋・法應集，元・普會續集，《禪宗頌古聯珠通集》收入《禪宗集成》7（台北：藝文印書館，1968 年版），頁 4579。

〔註17〕宋・法應集，元・普會續集，《禪宗頌古聯珠通集》，頁 4579。

〔註18〕宋・法應集，元・普會續集，《禪宗頌古聯珠通集》，頁 4579。

〔註19〕類書纂要九曰：「波吒，勞苦也。勞碌奔波也。」叢林盛事下曰：「我波波吒吒出嶺來。」

〔註20〕宋・法應集，元・普會續集，《禪宗頌古聯珠通集》，頁 4579。

〔註21〕宋・法應集，元・普會續集，《禪宗頌古聯珠通集》，頁 4579。

〔註22〕陸永峰：〈佛教與豔詩〉《中華佛學研究》2002.03 第六期，頁 442。

無位眞人，常從汝等門面出入」〔註23〕的禪法。鼓山士珪則闡明佛我不二，心外覓法的錯誤。四則所說的，都是回歸自性，即心即佛的道理。

### （三）臨終偈

太宗淳化三年（992）十二月四日午時，省念上堂說偈曰：

今年六十七，老病隨緣且遣日。今年記卻來年事，來年記著今朝日。〔註24〕

他在這首偈中，預寫他辭世的時間是第二年的同一天。到了淳化四年（993）的這一天，同樣在中午的時間，省念果眞上堂辭眾，並對眾人作臨終的開示，然後在說完偈後安坐而逝。〔註25〕〈偈〉曰：

白銀世界金色身，情與非情〔註26〕共一眞〔註27〕。明暗盡時俱〔註28〕不照，日輪午後見〔註29〕全身。〔註30〕

省念在這首偈中，第一句所寫的「白銀世界」，是他辭世時的時節背景，「金色身」指本體莊嚴的法身。「情與非情共一眞」者，「一眞」即是作爲本體意義的法身，「情」與「非情」都是在法身上的起用。「情」是有情眾生，「非情」是指草木土石山河大地等物質現象，亦即世界一切有情或無情，精神或是物質，無一不是法身所起之作用。

第三句的「明暗盡時俱不照」，「明暗盡時」指色身的生滅，「俱不照」指本體法身之用，故而「明暗盡時俱不照」，指色身的生滅如明暗自相凌奪，法身之性有如虛空，廓然無變。最後的「日輪午後見全身」，則是省念預知當天日色過午時，則是「全身」之時。「全身」有三解，一者全體之身〔註31〕、

---

〔註23〕宋・賾藏主集，《古尊宿語錄》卷四，頁7349。

〔註24〕宋・道原撰，《景德傳燈錄》卷第十三，頁689。

〔註25〕依《天聖廣燈錄》、《禪林僧寶傳》均另有〈偈頌示眾〉：「諸子謾波波，過卻幾恆河。觀音指彌勒，文殊不奈何。」

〔註26〕宋・惠洪撰，《禪林僧寶傳》卷第三作「無情」。「非情」，對於有情之稱。草木土石等之無情識者。

〔註27〕唯識論二曰：「眞謂眞實，顯非虛妄。如謂如常，表無變易。謂此眞實於一切法，常如其性，故曰眞如。」

〔註28〕宋・惠洪撰，《禪林僧寶傳》卷第三作「都」。

〔註29〕《景德傳燈錄》卷第十三作「見」，《古尊宿語》卷八作「是」、《五燈會元》卷第十一作「示」。今從「見」。

〔註30〕宋・道原，《景德傳燈錄》卷第十三，頁689。

〔註31〕如《涅槃經・聖行品》：雪山大士從羅刹求半偈而捨「全身」也，八字即生滅

二者遺身〔註32〕、三者佛性法身〔註33〕。省山此偈應可爲二、三解。省山預言午後是他離去的時間，雖然一期生命終了，色身就要消失，但自我的法身仍然是圓滿無缺的。

## 二、李遵勗

### （一）李遵勗生平

李遵勗（988～1038），字公武，潞州上黨（今山西長治）人。李遵勗中舉進士，娶了眞宗的妹妹萬壽長公主爲妻，〔註34〕授左龍武將軍、駙馬都尉，出爲澄州刺史、澤州防御史、宣州觀察史等職。仁宗時官至寧國軍、鎮國軍節度使。

仁宗幼年時，章獻皇太后垂帘聽政，等到仁宗年歲漸長，李遵勗曾勸太后還政給仁宗，而得到朝臣的好感。〔註35〕李遵勗信奉佛教，禮敬臨濟宗石門蘊聰（965～1032）爲師，法系上屬於南嶽下十世，在禪門與楊億同一輩分。他與楊億以及劉筠等名士，因皆傾心禪宗，而爲「方外之交」。〔註36〕他曾編纂《天聖廣燈錄》，於景祐三年（1036）奏上，受到仁宗的嘉獎並爲書作序。

滅已寂滅爲樂。

〔註32〕「全身」有遺身之義，如《法蓮華經》卷十一：佛成道已，臨滅度時，於天人大眾中、告諸比丘，我滅度後，欲供養我「全身」者，應起一大塔。《五燈會元》卷十四：慧忠禪師索香焚罷，安然而化後，「全身」葬於無了禪師塔之東。《指月錄》卷三：七祖婆須蜜尊者示涅槃相，八祖難提即於本座起七寶塔，以葬「全身」。

〔註33〕「全身」有法身之義，如《景德傳燈錄》卷十有第長沙景岑詩偈：「百丈竿頭須進步，十方世界是全身。」《五燈會元》卷四：「盡十方世界是沙門眼，盡十方世界是沙門全身，盡十方世界是自己光明，盡十方世界在自己光明裏。」《五燈會元》卷第二十：能仁默堂紹悟禪師，結夏上堂：「最初一步，十方世界現全身。末後一言，一微塵中深鎖斷。」《傳燈錄》：招賢大師偈曰：「百尺竿頭不動人，雖然得入未爲眞。百尺竿頭須進步，十方世界是全身。」

〔註34〕元·脫脫，《宋史》卷四百六十四〈李遵勗傳〉（臺北：鼎文書局，新校本，北京：中華書局，1997），頁13568：「授左龍武將軍、駙馬尉，賜第永寧里。主下嫁，而所居堂甃或瓦甓多爲鴛鳳狀，遵勗令鑱去；主服有龍飾，希屛藏之，帝嘆喜。」

〔註35〕元·脫脫，《宋史》卷四百六十四〈李遵勗傳〉，頁13568：「初，天聖間，章獻太后屛左右問曰：『人有何言？』遵勗不答，太后固問之。遵勗曰：『臣無它聞，但人言天子既冠，太后宜以時還政。』」

〔註36〕宋·李遵勗編，《天聖廣燈錄》（高雄：佛光出版社，1994年12月），頁479。

序中對李遵勗有「遵勗承榮外館，受律齋壇，靡持貴而驕矜，頗澡心於曠達」〔註37〕的稱譽。李遵勗卒於寶元元年（1038），年五十一歲。〔註38〕著有《間宴集》二十卷、《外館芳題》七卷。

## （二）參禪歷程

李遵勗傾心禪宗，自言「承世善慶，素慕禪悅」〔註39〕。天聖四年（1026），蘊聰辭退太平寺方丈席位，李遵勗馬上派人迎請蘊聰入京，並創建資國寺請蘊聰入住，跟從蘊聰受法，對蘊聰謹事弟子之禮。他在〈先慈照聰禪師塔銘〉中自言：

> 或外館開供，妙談偈聞，旋請入都，留閣匈決；或命駕香刹，時問
> 輕安，服勤左右，六周歲籥。〔註40〕

在師徒相處的六年中，李遵勗有時延請蘊聰到外館接受供養，又時常親自乘車前往資國寺向蘊聰請安，或迎請蘊聰到自己的邸舍中。蘊聰曾四次提出歸山的意願，均被李遵勗延緩下來。天聖十年（1032）蘊聰在資國寺中示疾，臨終作偈：

> 故疾發動不多時，寅夜賓主且相依。六十八歲看雲水，雲散青天月
> 滿池。〔註41〕

蘊聰荼毗之後，李遵勗將他的舍利分爲二份，一份送歸谷隱山大平寺安葬，一份安置在資國寺的舍利塔。

據李遵勗在〈先慈照聰禪師塔銘〉中記載，他師事蘊聰禪師，在公餘之暇，經常前往資國寺參究禪法。有一次，蘊聰引兩則唐代的公案讓李遵勗參究。

第一則：房孺復向牛頭宗徑山法欽（714～792）提問：「禪可學乎？」法欽答：「此大丈夫事，非將相之所爲。」

第二則：百丈懷海禪師師事馬祖時，一日被馬祖大喝一聲，震得懷海

---

〔註37〕宋・李遵勗編，《天聖廣燈錄》，頁2。

〔註38〕以上除注明出處外，主要依據《宋史》卷四百六十四〈李遵勗傳〉、《天聖廣燈錄》卷第十七〈先慈照聰禪師塔銘並序〉、《五燈會元》卷第十二〈石霜楚圓禪師〉〈李遵勗傳〉，並參考《嘉泰普燈錄》卷第二十二、《聯燈會要》十三、《居士分燈》卷上。

〔註39〕宋・李遵勗編，《天聖廣燈錄》卷第十七，頁479。

〔註40〕宋・李遵勗編，《天聖廣燈錄》卷第十七，頁479。

〔註41〕宋・李遵勗編，《天聖廣燈錄》卷第十七，頁478。

「三日耳聾。」

　　李遵勗聽到這兩則公案，於言下大悟，並作偈「學道須是鐵漢，著手心頭便判」。依據《居士分燈錄》，這兩句偈在士大夫間傳閱，朱正辭所和之句是「雨催樵子還家」，許式所和之句是「風送漁舟到岸」。此後，此偈又被送給浮山法遠（991～1067），法遠所和之偈是：

　　　　學道須是鐵漢，著手心頭便判。通身雖是眼睛，也待紅爐再煆。鉏

　　　　麑觸樹迷封，豫讓藏身吞炭。鷺飛影落秋江，風送蘆花兩岸。〔註42〕

這些偈子最後又傳回給李遵勗，他將原句的「學道」改爲「參禪」，並將二句拓爲四句：

　　　　參禪須是鐵漢，著手心頭便判。直趣無上菩提，一切是非莫管。

　　〔註43〕

蘊聰所引的兩則公案，應當是契李遵勗之機。《宋史》：「所居第園池冠京城。嗜奇石，募人載送，有自千里至者。構堂引水，環以佳木，延一時名士大夫與宴樂。」〔註44〕李遵勗身於朝廷，榮於富貴，而學禪者非酖於功名利祿之人所能爲，必也能夠斬斷名利塵網的鐵漢方能學禪。故此一公案，當破李遵勗對外境的執著。

　　第二則公案，見於《景德傳燈錄》卷六百丈懷海禪師。一日，百丈懷海對大眾說：「佛法不是小事，老僧昔被馬大師（馬祖道一）一喝，直得三日耳聾眼黑。」〔註45〕此則公案提醒李遵勗佛法是大丈夫所能爲的大事。

　　李遵勗除了以蘊聰爲師，還經常與禪僧往來。據《天聖廣燈錄》卷十六〈善昭章〉記載，李遵勗曾特地派人到汾州，請善昭到潞州的承天禪院擔任方丈，消息傳開，汾州官民紛紛出來挽留。在善昭表示同意前往之後，地方人士設宴餞行。善昭讓李遵勗派來的人先去用餐，然後同行。然而此人飯後去請善昭時，發現他已於座上去世。〔註46〕

---

〔註42〕明·朱時恩，《居士分燈錄》，收入《中國燈錄全書》六（北京：中國藏學出版社，1993年11月第一版），頁294。

〔註43〕依據《居士分燈錄》卷上。但據《五燈會元》卷十二〈李遵勗傳〉，《聯燈會要》十三，《嘉泰普燈錄》卷二十二，均以偈作悟道之時，而無流傳於士大夫之過程。

〔註44〕元·脫脫，《宋史》卷四百六十四〈李遵勗傳〉，頁13569。

〔註45〕宋·道原，《景德傳燈錄》第卷六，頁274。

〔註46〕依據宋·李遵勗，《天聖廣燈錄》卷第十六，頁459。

《五燈會元》卷十二記載，李遵勗還和石霜楚圓（986～1039）交往。楚圓在京城結識楊億，楊億又將之舉薦給李遵勗，李遵勗因拘於身份不便前往參謁，楊億便圓成此事，於是楚圓在次日黎明拜謁李遵勗，兩人相見言語相契，自此楚圓與李遵勗往來，以法為友。

## （三）臨終偈

宋仁宗寶元元年（1038），楚圓移住於潭州興化寺時，李遵勗病重，便派遣使者送了一封信，邀請楚圓到京城相見。信上寫：

> 海內法友，唯師與楊大年，大年棄我而先，僕年來頓覺衰落，忍死
> 以一見公。〔註47〕

楚圓接到書信後，惻然和使者坐船東流而下，並作〈舟中作偈〉：

> 長江行不盡，帝里到何時。既得涼風便，休將艫棹施。〔註48〕

據《居士分燈錄》卷上，楚圓來到京師，李遵勗在與楚圓相會月餘之後去世。李遵勗臨終時，有一位名為道堅的女尼〔註49〕在一旁說：「眾生見劫盡大火所燒時，都尉切宜照顧主人翁。」李遵勗語出機鋒：「大師與我煎一服藥來。」女尼無法回對，李遵勗說：「這師姑藥也不會煎得。」說完後，他畫一圓相，又作一偈獻給楚圓，楚圓立即問他：「如何是本來佛性？」李遵勗說：「今日熱如昨日。」然後反問楚圓：「臨行一句作麼生道？」楚圓說：「本來無罣礙，隨處任方圓。」這時李遵勗感到疲倦：「晚來困倦，更不答話。」楚圓惕勉李遵勗要「無佛處作佛」，說完後，李遵勗便泊然而逝。〔註50〕李遵勗與楚圓、尼道堅之間的談話中，所含有的禪機，都直指自性的實相。李遵勗所做的臨終偈曰：

> 世界無依，山河匪礙。大海微塵，須彌納芥。拈起幞頭，解下腰帶。
> 若覓生死，問取皮袋。〔註51〕

---

〔註47〕明・朱時恩，《居士分燈錄》卷上，頁294。
〔註48〕宋・普濟，《五燈會元》卷第十二，頁705。
〔註49〕女尼道堅在《五燈會元》卷第十二〈李遵勗傳〉、《嘉泰普燈錄》卷二十二、《聯燈會要》十三、《居士分燈》卷上均有記載，但在道堅與李遵勗的對話上，《五燈會元》、《居士分燈》置於李遵勗與楚圓對話前，《嘉泰普燈錄》置於李遵勗與楚圓的對話之後，《聯燈會要》僅及道堅，而無論及楚圓。今據《五燈會元》、《居士分燈》之說，將道堅與李遵勗的對話置於前。
〔註50〕依據明・朱時恩，《居士分燈錄》卷上，頁294～295。
〔註51〕宋・普濟，《五燈會元》卷第十二，頁705。

偈中前兩句，所敘述的是法身的獨立而無礙。達磨對法身的描述是「山河石壁不能爲礙」，〔註 52〕石門徹禪師也說：「石壁山河非障礙，閻浮界外任升騰。」〔註 53〕認爲自性通透自在超脫於閻浮世界。李遵勗則以「世界無依，山河匪礙」，說明法身的迥脫獨立自在。

偈中三四句打破大小相對，而顯現法界的實相。「須彌納芥」爲華嚴宗之法界緣起，〔註 54〕用來表示法界的體性廣大不可思議，無所不包而大小無礙。李遵勗在這裡用此表示超越生死差別見解，而達於大徹大悟、融通無礙的境界。

偈中五六句的「拈起幞頭，解下腰帶」，象徵他對塵世的解脫與放下，也表現出他面對生死的豁達。佛教中謂人的色身爲「皮袋」，末兩句的「若覓生死，問取皮袋」，則說人的色身如皮袋，若要論及生死的問題，那也僅是色身的生死而已。

李遵勗的臨終偈，從本體界法身的獨立無礙，和華嚴法界的宇宙觀來勘透生死。在通達法身獨立自在、生死融通無礙下，以「問取皮袋」歸結在生死只是色身的生死，而法身本無生死的禪旨上。

## 三、楊　億

### （一）楊億生平

楊億（974～1021）字大年，建州浦城（今屬福建）人。數歲便能作詩，太宗雍熙元年（984），楊億十一歲，太宗聽到他的名聲，便下詔使人測試楊億，隨後楊億受到太宗的召見，太宗稱讚楊億爲「精爽神助，文字生知」〔註 55〕，授以秘書省正字，並特別頒賜袍笏。不久，楊億父親過世，服除後前往許州依靠從祖楊徹之。

淳化（990～994）年間，楊億進京獻文，授任太常寺奉禮郎。之後又獻二京賦，賜進士及第，遷光祿寺丞，直集賢院。至道二年（996）遷著作佐郎，當時公卿的表疏多請楊億撰寫。眞宗即位初，拜官左正言，參與《太宗

---

〔註 52〕梁・菩提達磨，《達磨大師血脈論》，收入《禪宗集成》1，頁 5。

〔註 53〕宋・普濟，《五燈會元》卷第十四，頁 860。

〔註 54〕華嚴宗旨雖甚深玄妙，所說多端，其骨幹則不出法界緣起。法界緣起者，宇宙萬象相即相入，此一物爲他萬物緣，他萬物爲此一物緣，自他相待相資，圓融無礙。

〔註 55〕元・脫脫，《宋史》卷三百五〈楊億傳〉，頁 10079。

實錄》的編纂。於咸平元年（998）書成後，向眞宗請求就養於知州，其後
又召還爲左司諫、知制誥。景德二年（1005）與王欽若同修《冊符元龜》。
景德三年（1006）爲翰林學士。大中祥符初，加兵部員外郎、戶部郎中。大
中祥符五年（1012），楊億因病解官，授太常少卿分司西京。天禧二年（1018）
拜工部侍郎。三年，權同知貢舉，其後因坐考較差降授秘書監。

　　天禧四年（1020），宋眞宗生病，樞密史丁謂便勾結劉皇后擅權，楊億與
宰相寇準密議奏請皇太子監國，並由楊億代書密詔，但因謀洩而事敗，寇準
被罷相，楊億於是年十二月病卒，年四十七歲。〔註56〕

　　楊億在北宋初期的文壇上占有重要地位，又「留心釋典禪觀之學」〔註
57〕，吳處厚對楊億有：「深達性理，精悟禪觀」〔註58〕的讚美。楊億爲北宋
新譯的佛經潤文，刊定《景德傳燈錄》、編撰《汝陽禪會集》。他信奉禪宗，
與禪師交遊，是北宋士大夫信奉禪宗的重要代表人物。參禪過程見於《天聖
廣燈錄》卷第十八、《嘉泰普燈錄》卷第二十三、《五燈會元》卷第十二。

### （二）參禪過程

　　楊億初時博讀儒家經史，而不知有佛。在朝爲官時見同僚讀《金剛經》，
才對佛教產生敬信之心，並向尊奉禪宗的李維參究佛法。宋眞宗景德年間，
楊億奉詔和李維、王曙，將法眼宗道原所獻之《佛祖同參集》刊削裁定爲三
十卷，署名《景德傳燈錄》，敕許刊印流通天下。楊曾文認爲楊億爲修訂和推
廣《景德傳燈錄》做出了重要貢獻，在這期間，楊億對禪宗歷史和宗旨有了
比較全面深入的認識。〔註59〕

　　大中祥符七年（1014），楊億病癒之後，以秘書監的身分出任汝州，參謁首
山法系的廣慧寺元璉（951～1036）禪師。據《嘉泰普燈錄》卷二十三〈楊億章〉
記載，元璉接見時，楊億問：「布鼓當軒擊，誰是知音者？」元璉答：「來風深
辨。」楊億問：「恁麼則禪客相逢只彈指也？」璉答：「君子可入。」楊億回應
喏喏，元璉說：「草賊大敗。」當夜兩人語談，璉問楊億，過去與那些人談過
禪，楊億告之曾向雲巖諒監寺問過：「兩隻大蟲相敵時如何？」諒的回答是「一
合相」，楊億自言是「我只管看」，楊億請元璉提出看法，元璉用手做出拽鼻的
姿勢說：「這畜生！更蹄跳在。」楊億當下「脫然無疑」，作偈曰：

---

〔註56〕依據元・脫脫，《宋史》卷三百五〈楊億傳〉頁 10079～10084。
〔註57〕元・脫脫，《宋史》卷三百五〈楊億傳〉，頁 10083。
〔註58〕宋・吳處厚，《青箱雜記》（北京：中華書局，1985 年 5 月），頁 110。
〔註59〕楊曾文，《宋元禪宗史》，頁 554。

八角磨盤空裡走，金毛獅子變作狗。擬欲將身北斗藏，應須合掌南
辰後。〔註60〕

此後，楊億成爲元璉的嗣法弟子。據《天聖廣燈錄》卷十八，楊億於翌年寫
信給京城的李維，楊曾文認爲此信反映了宋代一位知名儒者信奉禪宗的心路
歷程，和關於唐宋禪宗傳承世系的情形，很有史料價值。〔註61〕其中，有敘
述自己在汝州與元璉交往及參禪得悟的情況：

齋中務簡，退食多暇，或坐邀而至，或命駕從之，請扣無方，蒙滯
頓釋。半歲之後，曠然弗疑。如忘忽記，如睡忽覺，平昔礙膺之物，
曝燃自落；積劫未明之事，燿爾現前。固亦決擇之洞分，應接之無
蹇矣。〔註62〕

楊億在汝州期間，與元璉禪師等人有密切交往，常有禪語問答。他將這些禪
語隨時編錄，最後加以擴展，編爲《汝陽禪會集》。〔註63〕善昭得知楊億到汝
州爲官的消息後，派弟子攜帶書信前來致意，並請楊億爲他的語錄寫序，以
便置於卷首。楊億之序：

……而師遐遣清侶，躬裁尺訊，謂《廣內集錄》，載師之辭句，既參
於刊綴，汝海答問，陪師之法屬，且聯其宗派，邈同風於千里，遽
授書之一編。法興、智深二上人，飛錫實勤，巽床甚謹，述邑子之
意，願永南宗之旨，屬圖鏤版，邈求冠篇，賞音相從，重胝忘苦，
幸煩襟之微釋，因濡翰以塞請，云爾。〔註64〕

楊億與楚圓的交往，是在楊億從汝州回到開封之後，楚圓爲唐明嵩和尚帶書
信來謁楊億，兩人言談契機，楊億還將楚圓介紹給駙馬都尉李遵勖。楊億和
李遵勖與禪僧們交往，交談多有禪機，這種文士和禪僧交往的狀況，也反映
出宋代士大夫對禪宗的尊崇和參學。

### （三）臨終偈

眞宗天僖四年（1020），楊億生病，他問環禪師：「某今日忽違和，大師
慈悲，如何醫療？」環禪師答：「丁香湯一椀。」楊億便作嘔吐狀。環禪師

---

〔註60〕宋・正受，《嘉泰普燈錄》卷第二十三，頁846。
〔註61〕楊曾文，《宋元禪宗史》，頁556。
〔註62〕宋・李遵勖，《天聖廣燈錄》卷第十八，頁552。
〔註63〕宋・釋曉瑩，《羅湖野錄》（北京：中華書局，1985年北京新一版），頁36。
〔註64〕宋・楚圓，《汾陽無德禪師語錄》收入《禪宗集成》14，頁9243。

說：「恩受〔註65〕成煩惱。」環禪師爲楊億煎藥時，楊億叫道：「有賊！」環禪師將煎好的藥送到楊億跟前，叉手側立，楊億瞠目看著環禪師說：「少叢林漢。」環禪師於是拂袖而出。

又一日，楊億問環禪師：「某四大將欲離散，大師如何相救？」環禪師就搥胸三下，楊億誇獎說：「賴遇作家。」環禪師回答：「幾年學佛法，俗氣猶未除。」楊億說：「禍不單行。」環禪師作噓噓聲。

楊億去世前寫偈交付給左右的人，吩咐在第二天一早送給李都尉。李遵勗見到偈子，說了一句：「泰山廟裡賣紙錢。」便急著騎馬而至。當時，楊億似乎在熟睡中，在李遵勗搖撼之下，才發現楊億已經逝去。〔註66〕楊億的〈詩一首〉：

> 漚生與漚滅，二法本來齊。欲識眞歸處，趙州東院西。〔註67〕

佛教經典常以「漚」來描述世間法的虛幻，〔註68〕世間法猶如大海的一個泡漚，泡漚依海水而幻有，是生滅無常，本無實體的。泡漚性本不實，於破滅時則歸於大海，故生滅二法皆依無明妄想而生，本齊一而無異。楊億的齊生死則以漚生漚滅的現象，說明生死是同樣的虛妄。

「眞歸」的「眞」爲「眞如」之意，此「歸」，即是指歸向生命的本元。「趙州東院西」，指唐代趙州從諗（778～897）事。《景德傳燈錄》卷第十〈趙州和尙章〉記載：

> 師出院，路逢一婆子問：「和尙住甚麼處？」師云：「趙州東院西。」
> 婆子無語。師歸院，問眾僧：「何使那個『西』字？」或言東西字，
> 或言棲泊字。師曰：「汝等總作得鹽鐵判官。」僧曰：「和尙爲甚麼
> 恁麼道？」師曰：「爲汝總識字。」〔註69〕

婆子問趙州和尙「住甚麼處」，趙州和尙回答「趙州東院西」，並否定眾僧人對「西」及「棲」的說解。對於「趙州東院西」之說解，應爲憨山所評點之

〔註65〕宋・正受，《嘉泰普燈錄》卷第二十三「受」當作「愛」，《五燈會元》卷十二作「愛」。

〔註66〕以上除注明出處外，依據《嘉泰普燈錄》卷第二十三，頁845～852，並參考《天聖廣燈錄》卷第十八、《五燈會元》卷第十二。

〔註67〕宋・正受編，《嘉泰普燈錄》卷第二十三，頁851。

〔註68〕例如在《楞嚴經》卷第六：「空生大覺中，如海一漚發。有漏微塵國，皆從空所生。漚滅空本無，況復諸三有」。

〔註69〕宋・道原，《景德傳燈錄》卷第十，頁476。

「本無所住，如是而住」〔註70〕之義。楊億自問自答這一「眞」的歸處，正如趙州回答婆子「趙州東院西」的話一樣。楊億借著這個公案，說明眞如的歸處，是「本無所住，如是而住」的。楊億的臨終偈以漚的生滅說明色身的生滅，以「趙州東院西」闡示眞如的「本無所住，如是而住。」前者說明色身的虛幻，後者則闡示著眞如的自在。

## 小　結

達磨在《菩提達磨大師略辨大乘入道四行觀》中說「深信含生同一眞性」〔註71〕，此一「眞性」即是自己本來的眞佛，在《達摩大師血脈論》中又稱之「法身」、「本心」、「法性」、「解脫生死」、「大自在王如來」、「不思議」、「聖體」、「長生不死」等名，並言：「名雖不同，體即是一。」〔註72〕又說：「佛者亦名法身，亦名本心。」〔註73〕可知禪宗對本體的稱謂雖然不一，但同樣都是指本自圓寂的本體，而在生死解脫中，往往以「法身」爲名，以表明「法身」和「色身」的不同。〔註74〕

　　唐代臨濟義玄的臨終偈，有著對法身本體的描述，宋代臨濟宗的臨終偈，則承續著臨濟義玄臨終偈之發展。在宋代臨濟宗三位禪者的臨終偈中，有著對法身本體常存的肯定，以及生死一如的思想。

　　在法身本體的肯定上，這段時期臨濟宗的臨終偈，從省回的「情與非情共一眞」，以及楊億的「要識眞歸處」，可以看出在臨濟宗的臨終偈中，「法身」

---

〔註70〕卍新纂續藏經，第八十七冊，No. 1621《優婆夷志》卷一〈無語婆〉：憨山評云：「本無所住，如是而住。人人自家有箇住處，這老婆子，因甚鶻盧提完然不知，卻立三叉口鼓兩片皮。單問取他家屋裏事，腳跟煞不點地。及見他指東畫西，了沒些下落，何銷喋不出半字，令禿齒翁縮嘴也。他合道：『久嚮趙州。原來塗抹東西在。』直致他東語西話不得，乾納塲鈍悶，方爲一員女將可怪生。」

〔註71〕梁・菩提達磨，《菩提達磨大師略辨大乘入道四行觀》，收入《禪宗集成》1，頁1。

〔註72〕梁・菩提達磨，《達磨大師血脈》，收入《禪宗集成》1，頁5。

〔註73〕梁・菩提達磨，《達磨大師血脈》，頁8。

〔註74〕例如梁・菩提達磨，《達磨大師血脈》，頁 5：「四大色身即是煩惱色身即有生滅，法身常住無所住。」《六祖壇經・機緣品第七》，頁 193：「一切眾生皆有二身，謂色身法身也。色身無常，有生有滅；法身有常，無知無覺。」

被稱為「真」。這個「真」，就是「真如本性」、「無位真人」之謂，〔註75〕禪宗以為這個「真」的本體才是真實的自我，這個「無位真人」就是法身。省念的「俱不照」乃指真如法身之用，而午後的「見全身」，所見的有「法身」之意。李遵勗的「若覓生死，問取皮袋」，認為生死只是色身的事，而言外之意則是法身本無生死。楊億所謂的「歸真處」，這「真」所指的也是法身。所以，臨濟宗臨終偈的核心思想是在「法身」的存有上。

禪宗對生死的觀點上，所強調的是「生死一如」。六祖惠能臨終時，對弟子說：「諸佛出現，猶示涅槃，有來必去，理亦常然。」〔註76〕在死亡哲理上，臨濟宗的臨終偈中，凸顯出對生死的平等性和超越性。楊億的「漚生與漚滅，二法本來齊」，說明生滅二法皆依無明妄想而生，人的生死本來就是齊一而無異的。李遵勗的「大海微塵，須彌納芥」，就是要打破種種差別相對，以彼此圓融無礙的觀點，表現出對生死的超越。

---

〔註75〕 宋・賾藏主集，《古尊宿語・鎮州臨濟慧照大師語錄》卷四收入《禪宗集成》11，頁7349：「赤肉團上有一無位真人，常從汝等諸人面門出入，未證據者看看。」
〔註76〕 唐・法海撰，丁福保注，《六祖壇經》，頁255。

# 第五章　宋代曹洞宗之臨終偈

　　本章論文首先論述曹洞宗的成立與發展，及曹洞宗在宋代的發展狀況。在曹洞宗臨終偈的研究上，以大陽警玄、芙蓉道楷、宏智正覺、天童如淨四人為代表人物。

## 第一節　曹洞宗之成立及發展

### 一、曹洞宗之成立

　　在佛教禪宗五宗中，曹洞宗與臨濟宗是禪宗五門中，現今僅存的二脈。禪宗史上素有「臨天下，曹一角」之說，說明臨濟宗和曹洞宗的發展態勢。

　　曹洞宗名稱之由來有二：一說其名取自初祖洞山良价、第二祖曹山本寂名號之前一個字，但為讀音方便，次序作顛倒，故稱為「曹洞宗」。另一說則是曹溪惠能之「曹」與其法孫洞山良价之「洞」，合稱為曹洞宗。這兩種說法中，一般認為第一種說法為是。例如在《祖庭事苑》卷七中記載：「曹山即洞山之嗣子，今不言洞曹，言曹洞者，亦猶慧遠即慧持的兄，但言持遠而不言遠持，蓋由語便而無他。叢林或指曹為曹溪，蓋不知世裔來歷之遠近，妄自牽合，迺絕知者之聽。」〔註1〕又如南宋智昭《人天眼目》卷三中對洞山和尚的記載：「晚得曹山耽章（本寂之別名）禪師，深明的旨，妙唱嘉猷，道合君

---

〔註1〕宋・睦庵善卿，《祖庭事苑》卷七《佛光大藏經》（高雄：佛光出版社，1994年12月），頁737。

臣，偏正回互，繇是洞上玄風播於天下，故諸方宗匠咸共推尊之曰曹洞宗。」
〔註2〕

　　曹洞宗源出六祖惠能弟子青原行思，後傳希遷，再傳藥山、曇晟，至洞山良价開宗，傳曹山本寂，成立曹洞宗。洞山良价先後在五泄山靈默、南泉普願、溈山靈祐等問學，後於雲巖（今湖南潭州境內）拜曇晟爲師。唐大中十三年（859），良价駐錫洞山（今江西宜豐境內），宣揚所悟的禪法，倡「明暗交參」。後曹山本寂在洞山與良价學法數年後，至曹山（今江西宜黃境內）弘揚禪法，使宗風大舉。其說立五位君臣以爲宗要，五位者，正中偏、偏中正、正中來、偏中至、兼中到。君爲正位，臣爲偏位；正位即空界，偏位即色界；是從理事、體用關係上說明理事不二、體用無礙的道理。

　　《人天眼目》卷三描述曹洞宗的宗風：「家風細密，言行相應，隨機利物，就語接人。……大約曹洞家風，不過體用、偏正、賓主，以明向上一路。」〔註3〕曹洞宗風綿密回互，妙用親切，接引學人就像是在田土上精耕細作的農夫，所以有「曹洞士民」之說。

## 二、曹洞宗在宋代的發展

　　曹洞宗由唐代洞山良价及其弟子曹山本寂成立後，盛行於唐末江浙一帶，然而本寂法系再傳承三四代之後即衰微不傳，而將曹洞宗傳至後世的是道膺的法系。

　　宋代時，曹洞宗僅有道膺一系在流傳，而且趨於衰微，瀕近斷嗣。大陽警玄（948～1027）在八十歲時，尚未尋找可以繼承法席的弟子，於是寫偈連同皮履、布直裰，寄給臨濟宗的浮山法遠代求法嗣。大陽警玄卒後二十多年，投子義青（1032～1083）參謁法遠，法遠付以大陽衣鉢，重續曹洞宗風，幾乎要斷絕的法脈才又延續下來。到了義青的弟子芙蓉道楷（1043～1118）時，曹洞宗進入中興時代，道楷門下有丹霞子淳和淨因自覺等大弟子二十餘人。

　　南北宋之際，道楷法嗣在北宋滅亡後，隨宋室南遷，形成曹洞宗的江南法系。子淳（？～1119）門下最著名的是長蘆清了和宏智正覺，使曹洞宗在兩宋之間興盛起來。南宋中期的南方曹洞僧人，大都出自清了一系，而在北宋

---

〔註2〕南宋・智昭，《人天眼目》卷三，收入《禪宗集成》5（臺北：藝文印書館，1968年版），頁3036。

〔註3〕南宋・智昭，《人天眼目》卷三，頁3051。

末年到南宋初，影響最大的是宏智正覺。〔註4〕宏智正覺有鑑於臨濟宗流於空疏的話頭禪，故倡以靜坐為主的默照禪，與宗杲提倡的看話禪並行於世，曹洞宗風盛極一時。宋之後，五家中的雲門、法眼又先後失傳，只有曹洞宗和臨濟宗兩家並存，但法脈遠不及臨濟宗之昌盛。

日本道元禪師（1200～1253）入宋時，從學於曹洞宗如淨禪師門下，後將曹洞之旨傳回日本，提倡「只管打坐」的默照禪，並創建永平寺。曹洞宗在日本發揚後再傳回台灣，法鼓山「聖嚴法師」教的禪法即是曹洞宗的「默照禪」。

## 第二節　宋代曹洞宗臨終偈的代表人物

曹洞宗自唐開宗以來，以《祖堂集》之記載，臨終偈的書寫，在宋之前有曹洞宗的開宗祖師洞山良价（青原下四世）、疏山匡仁（青原下五世）、重雲智暉（青原下六世）等三位禪師。宋代曹洞宗的臨終偈，在青原下九世有釋警玄、青原下十一世有釋道楷，青原下十三世有釋正覺、釋景深、釋智朋、齊禪師，青原下十六世有釋如淨，共有七位禪師（見附錄九），可以看出曹洞宗的作者以青原下十三世為最多。

在七位禪師中，齊禪師的〈臨寂偈〉或為自寫辭世的心境，景深的〈辭眾偈〉是交代後事，智朋的〈辭再主清涼偈〉為拒絕召薦之作，且此三人無語錄傳世，資料有限，故本節曹洞宗代表人物，有大陽警玄、芙蓉道楷、宏智正覺、天童如淨四人。

## 一、大陽警玄

### （一）大陽警玄生平

警玄〔註5〕（943～1027）少年時依叔父智通為師，十九歲受具足戒。警玄年少而智卓，有一回，因聽講《圓覺經》，問講者：「何名圓覺？」講者答：「圓以圓融，有漏為義；覺以覺盡，無餘為義。」警延又笑問：「空諸有無，

---

〔註4〕杜繼文，魏道儒，《中國禪宗通史》（江蘇：江蘇古籍出版社，1993 年 8 月），頁 449。

〔註5〕俗姓張，江夏（今湖北武昌）人。在祥符年中，因避宋真宗尊為「天尊」、「聖祖」的趙玄朗名諱，改名為警延。

何名圓覺？」講者讚嘆他的齒少而識卓如此，智通於是使警玄出外參學。

警玄到鼎州梁山寺參謁緣觀禪師，並於緣觀門下開悟。他於開悟後寫偈獻給緣觀，緣觀看後，稱讚警玄可爲曹洞宗所倚重，而警玄也以此自負，一時之間，他的名望很高。緣觀去世後，警玄於宋眞宗咸平三年（1000）到郢州（今湖北鍾祥）的大陽寺，參謁洞下三世的慧堅禪師，慧堅欣然將大陽寺讓給警玄住持，而自己退處偏室。警玄以「先德付受之重」，故而勤苦修學，以至於「足不越限，脅不至席者五十年」。警玄在八十歲時，感嘆曹洞宗無以爲繼，便將洞上旨訣，並皮履、布直裰寄給臨濟宗的浮山法遠禪師，請求法遠代爲尋求可以傳法的法嗣。據《五燈會元》卷第十四記載，當時法遠「拜而受之」〔註6〕。警玄卒於仁宗天聖五年（1027），年八十五歲。〔註7〕

警玄的生平和禪法見於《景德傳燈錄》卷第二十六、《禪林僧寶傳》卷第十三、《五燈會元》卷第十四、《佛祖歷代通載》卷第十八、《補續高僧傳》卷第七等。

## （二）生死禪法──無相之體、有相之用。

### 1. 無相之體

警玄重舉曹洞法要，以「三句」釋「正偏五位」，又自作〈正偏五位頌〉、〔註8〕〈君臣五位頌〉。〔註9〕除此之外，警玄的開悟在於「無相」〔註10〕，故其教示弟子生死的禪法上，特別彰顯無相的禪理。

警玄初次參謁緣觀禪師，警玄問緣觀禪師：「如何是無相道場？」緣觀就指著壁上的觀音像說：「此是吳處士畫。」警玄剛擬說話，緣觀急著又說：「遮

〔註6〕 宋·普濟，《五燈會元》卷第十四，頁872。

〔註7〕 以上除注明出處外，主要依據宋·惠洪《禪林僧寶傳》卷第十三，頁301～306，並參考《五燈會元》卷第十四、《佛祖歷代通載》卷第十八、《補續高僧傳》卷第七。

〔註8〕 見於宋·普濟，《五燈會元》卷第十四，頁872。

〔註9〕 見於宋·智昭集，《人天眼目》卷三，收入《禪宗集成》5，頁3037。

〔註10〕 吳汝鈞編著，《佛教思想大辭典》（臺北：臺灣商務印書館，1994年5月出版第二次印刷），頁215：「有相」，與「無相」對揚，存在世界、現象世界的特質，有形跡、相狀，在相對的格局下表現出來：或大或小，或善或惡，或美或醜……這都是由執著的分別心所開出，它本質上是虛假的，並無實在的自體。《佛教思想大辭典》頁443：「無相」，不具有相對的形相。不執取對象的相對相、差別相。在禪宗，這是一重要的修行，所謂無相爲體。

箇是有相，如何是無相底？」警玄當下悟旨，並遵緣觀的吩咐呈偈：

> 我昔初機學道迷，萬水千山覓見知。明今辯古終難會，直說無心轉
> 更疑。蒙師點〔註11〕出秦時鏡〔註12〕，照見父母未生時。如今覺了
> 何所得？夜放烏雞帶雪飛。〔註13〕

警玄問緣觀如何是「無相」的，即是問其「佛性」、「本來面目」、「法身」之意。而佛性、本來面目、法身，亦即是人的本體，人的本體是無相的。警玄一參即悟，所呈的偈中，描寫出他求道的過程，及至緣觀禪師點出父母未生前的本來面目。警玄的「夜放烏雞帶雪飛」，「烏雞」代表本體或理體，這本體在黑夜之中，黑夜蓋過了本體，但本體仍在「帶雪飛」的事相之中顯現，這正是他對這本來面目的詮解。警玄在法身無相上的說解上，在《禪林僧寶傳》卷十三記載：

> 僧問：「亡僧遷化向什麼處去？」延曰：「亡僧幾時遷化？」僧曰：
> 「爭奈相送何？」延曰：「紅鑪燄上條絲縷，靉靆雲中不點頭。」
> 〔註14〕

僧人問亡僧遷往何處？警玄反問僧人亡僧幾時遷化，正意味著法身的不滅。僧人再問既無遷化，何以要舉喪相送？警玄的回答，以紅爐火燄說明色身的銷毀，以靉靆雲中來描述法身恆存及不動的體性。

### 2. 有相之用

　　良价的語錄中描述法身體用的關係是：「上拄天，下拄地，黑似漆，常在動用中，動用中收不得。」〔註15〕法身無相，在色身的動用之間顯其作用。警玄門下僧人生病，警玄到延壽堂〔註16〕看視：

---

〔註11〕　《佛祖歷代通載》卷十八作「指」。
〔註12〕　葛洪著、成林、程張燦譯注，《西京雜記》（臺北：台灣古籍出版社，1997年），
　　　　　頁114：「有方鏡，廣四尺，高五尺九寸，表裏洞明。人直來照之，影則倒見，
　　　　　以手捫心而來，則見腸胃五臟，歷然無礙。人有疾病在內，則掩心而照之，
　　　　　則知病之所在。又女子有邪心，則膽張心動。秦始皇常以照宮人，膽張心動
　　　　　者則殺之，高祖悉封閉以待項羽，羽並將以東，後不知所在。」
〔註13〕　宋・惠洪，《禪林僧寶傳》卷第十三，頁302～303。
〔註14〕　宋・惠洪，《禪林僧寶傳》卷第十三，頁303。
〔註15〕　明・圓信、郭凝之編集，《洞山良价禪師語錄》收入《禪宗集成》13，頁
　　　　　9030。
〔註16〕　禪林中，病僧用以療病、休養之堂；含有祈求延長色身壽命而延續法身慧命
　　　　　之意，故稱延壽堂。又作延壽院、延壽寮、將息寮、省行堂、重病閣（閣）、
　　　　　涅槃堂、無常院（堂）。

問曰：「是身如泡幻，泡幻中成辦。若無箇泡幻，大事無因辦。若要大事辦，識取箇泡幻作麼生？」對曰：「遮箇猶是遮邊事。」延曰：「那邊事作麼生？」對曰：「匝地紅輪秀，海底不栽花。」延笑曰：「乃爾惺惺耶！」僧喝曰：「這老漢將謂我忘卻！」〔註17〕

警玄到延壽堂去探視生病的僧人，開示色身雖如泡幻，但生死大事由色身而成辦，並問而今面對生死大事，如何視此即將壞滅的色身。僧人回答警玄，色身是這邊的事，這邊事即爲「有相之用」。警玄又問那邊的事，僧人則以「匝地紅輪秀，海底不栽花」，來形容法身的遍滿虛空。警玄很滿意僧人的回答，笑著讚美他的明悟。

## （三）臨終偈

警玄於宋仁宗天聖五年（1027）去世，死前作〈寄侍郎王曙偈〉：

吾年八十五，修因至於此。問我歸何處，頂相終難覩。〔註18〕

警玄首言辭世的年齡，這是臨終偈之常例。「修因」者，或爲「因修」之謂。「因修」指在因位的修行，也指修習有助於開悟的事。〔註19〕警玄所言之「修因」，除了指到達佛果前在因地上的修行之外，亦或指這五十年來對曹洞宗的承法。他標舉宗乘，對曹洞宗有振興起衰之功，雖然當時他還沒有找到可以嗣法的弟子，但已託付臨濟宗浮山法遠禪師。所以「修因至於此」，是「是身如泡幻，泡幻中成辦」〔註20〕的「有相之用」，已盡於此的自陳。

三四句爲問答遷歸之處。「頂相」有二解：一爲佛陀的頭頂之謂，如來之頭頂，一切人天不能見，故名無見頂相。〔註21〕二者，在禪家謂祖師之半身肖像爲頂相。〔註22〕警玄所謂之「頂相」，或可兼此二說。

頂相之難覩，因爲如來頂相不屬於有，因其無相，故不見其頂。法身無相，以虛空形容其圓滿。警玄初謁緣觀禪師，參問「無相」即是直問其佛性，警玄一參即悟此一法身無相之旨。他於僧人問亡僧遷往何處時，以

---

〔註17〕宋・惠洪，《禪林僧寶傳》卷第十三，頁304～305。
〔註18〕宋・惠洪，《禪林僧寶傳》卷第十三，頁306。
〔註19〕吳汝鈞編著，《佛學思想大辭典》，頁233。
〔註20〕宋・惠洪，《禪林僧寶傳》卷第十三，頁304。
〔註21〕例如《大般涅槃經》（臺北：財團法人佛陀教育基金會出版部，1991年5月），頁214：「無有能見我頂相者。」
〔註22〕例如《嘉泰普燈錄》卷第七，頁294：「乃取家藏雲庵頂相，展拜贊之。」

「鼕鼕雲中不點頭」，描述無相法身的體性，亦於臨終時以「頂相終難覩」開示弟子，一者表示色身雖壞滅，但法身無相而常存；二者，法身無相，非其繪製的之半身肖像可覓。此雖二說，同樣指出色身壞滅後，法身是無相的存在。

## 二、芙蓉道楷

### （一）芙蓉道楷生平

道楷〔註 23〕（1043～1118）自幼學神仙辟穀之術，隱居於伊陽山中。後來到京師遊訪，編籍於術臺寺，經過考試〔註 24〕得以剃度並受具足戒。道楷離開京師，到舒州白雲山海會寺參謁義青，道楷於言下悟旨。〔註 25〕宋神宗元豐五年（1082），道楷回到故鄉沂州，居馬鞍山說法。此後二十多年間，應公卿之延請，先後住持沂州仙洞寺、洛陽龍門招提寺、郢州大陽山寺、隋州大洪山寺，由於道楷的提倡，曹洞宗的禪風大震於西北。

徽宗崇寧三年（1104）詔請道楷住持東京十方淨因禪院，於是曹洞宗被引進京城。宋徽宗大觀元年（1107）詔請道楷移住天寧的萬壽寺，因道楷一再辭命而被官差強行押入。不久，經開封尹李孝壽的奏請，為表彰道楷「道行卓冠叢林，宜有以褒顯」，徽宗即賜紫衣和「定照禪師」之號。然而道楷焚香謝恩之後上表辭命，〔註 26〕徽宗又命李孝壽親往傳達朝廷的旌善之意，道楷仍然堅持不受，徽宗大怒，下令將他押到獄中。有司知道道楷的忠誠，想為道楷開脫，問他：「長老枯瘁，有疾乎？」道楷說：「平日有疾，今實無。」有司又說：「言有疾，即於法免罪譴。」道楷回答：「豈敢僥倖稱疾而求脫罪譴乎。」於是受罰，發配淄州（今山東淄博）編管。

翌年，朝廷下令讓他自便。道楷便住在芙蓉湖心的庵上，當時門下有數

---

〔註23〕俗姓崔，沂州（今山東臨沂）人。

〔註24〕宋・正受，《嘉泰普燈錄》卷第三，頁151：「試《法華》得度具戒。」

〔註25〕宋・惠洪，《禪林僧寶傳》卷第十七，頁352：「問：『佛祖言句如家常茶飯，離此之外，別有為人言句也無？』青曰『汝道寰中天子勅，還假禹湯堯舜也無？』楷擬訓之，青以拂撼之約：『汝發意來，早有二十棒也』。於是楷悟於言下。」

〔註26〕宋・惠洪，《禪林僧寶傳》卷第十七，頁355：「行業迂疏，道力綿薄，常發誓願，不受名利，堅持此意，積有歲年，庶幾如此，傳道後來，使人專意佛法。今雖蒙異恩，若遂忝冒則臣自違素願，何以教人？豈能仰稱陛下所以命臣住持之意？……」

百人之眾，道楷擔心因此構禍，便令每人每日各食粥一杯，因此，不堪清淡者稍有離去。徽宗於政和七年（1117）賜道楷所居之庵爲「華嚴禪寺」。政和八年（1118）卒，年七十六歲。〔註27〕

道楷生平及禪法見於《嘉泰普燈錄》卷第三、《禪林僧寶傳》卷第十七、《五燈會元》卷第十四、《芙蓉楷禪師語》（收於《續古尊宿語要》卷二）、《投子義青禪師語錄》二卷。

## （二）生死禪法──盡卻今時

道楷初見義青時，問：「佛祖言句，如家常茶飯。離此之外，別有爲人言句也無？」義青說：「汝道寰中天子敕，還假禹湯堯舜也無？」道楷正想進言，義青以拂子摵著道楷說：「汝發意來，早有二十棒也。」〔註28〕道楷於言下悟旨。毛忠賢認爲曹洞、臨濟的理論和方法雖自成體系，但自從浮山法遠學於大陽警玄後，就以臨、曹兩家禪法鍛鍊義青，曹洞禪法於是含具了臨濟的成分，道楷的開悟，即是臨濟的直下承當法。道楷開悟後，便在教學中標舉「盡卻今時」的心要。〔註29〕

毛忠賢認爲「盡卻今時」正是石頭禪系的「泯絕無寄」宗旨，良价答疏山匡仁「未有之言」爲「無功之功」，即以「兼帶」爲「盡卻」。至本寂則明標舉「能盡一切」、「一切總殺」，至道膺則力倡「及盡一切」，這都是將「兼帶」推向無蹤跡的空寂，故道楷的「盡卻今時」是對洞上歷代先師「盡卻」法的繼承。〔註30〕在草庵中，他曾向眾人開示，教導門下出家本爲解脫生死，既是出家即應休心息念，心中無事，才與解脫之道相應。他說：

> 夫出家者爲厭塵勞，求脫生死。休心息念，斷絕攀緣，故名出家。
> 豈可等閒利養，埋沒平生。直須兩頭撒開，中間放下。遇聲遇色，
> 如石上栽花。見利見名，似眼中著屑。……如今不歇，更待何時？
> 所以先聖教人，祇要盡卻今時。能盡今時，更有何事。若得心中無
> 事，佛祖猶是冤家，一切世事，自然冷淡，方始那邊相應。〔註31〕

---

〔註27〕以上除注明出處外，主要依據《禪林僧寶傳》卷第十七，頁 352～358。並參考《五燈會元》卷第十四卷、《嘉泰普燈錄》卷第三。

〔註28〕宋·惠洪，《禪林僧寶傳》卷第十七，頁 352。

〔註29〕毛忠賢，《中國曹洞宗通史》（南昌：江西人民出版社，2006 年 11 月），頁 326。

〔註30〕毛忠賢，《中國曹洞宗通史》，頁 326～327。

〔註31〕宋·普濟，《五燈會元》卷第十四，頁 884。

道楷規誡門人，出家為求了脫生死，既為求了脫生死，就必須斷絕攀緣，而先聖教人之法，祇要「盡卻今時」。毛忠賢認為，所謂「盡卻今時」就是「滅現量」，由「世間法」超入「出世間法」，一刀斬斷作為凡夫見解的一切生死有無分別見，直以我空、法空、事空、物空，一切皆幻，唯空為真。〔註32〕他在上堂時說：

> 臘月三十日已前即不問，臘月三十日事作麼生？諸仁者到這裡，佛也為你不得，法也為你不得，祖師也為你不得。……直須盡卻今時去，若也盡卻今時，佛也不奈他何，法也不奈他何，祖師也不奈他何。……諸人且道，如何是盡卻今時底道理？還會麼？明年更有新條在，惱亂春風卒未休。〔註33〕

禪宗常言「臘月三十日到來作得主」，「臘月三十日」指生命的終了，若能於當下滅卻「今時」，即是生死解脫之道。毛忠賢認為「今時」就是「現量」，「盡卻今時」便是休歇，放捨心對一切現量的計較。〔註34〕所以，這種「盡卻今時」換句話說，也就是「自休」、「自歇」。《續古尊宿語要卷》卷二，他說：

> 勸汝諸人，莫向經卷冊子上尋求，設使言語文字中，有個入處，譬如螢火之光，自救不了。你若向空劫時，悟明自己，譬如百千日月，光明無量，無邊眾生，一時度脫。你若未明，直須退步，就己始得，自休休去，自歇歇去。似古廟香爐去，一念萬年去，似一息不來底人去。〔註35〕

他勸弟子門人，莫向文字中尋求，而應參究「空劫時」的自己，即是參就自己的本來面目。若欲參究明悟自己，則須自休自歇，藉由自休自歇證見自己的本地風光。宋代曹洞宗所提倡的「默照禪」，其代表人物雖然是宏智正覺，楊曾文認為道楷提倡「自休」、「自歇」，開啟默照禪之源，丹霞子淳繼其後，而由正覺繼其大成的。〔註36〕

### （三）臨終偈

道楷於徽宗政和八年（1118）去世，臨終有〈偈〉：

---

〔註32〕毛忠賢，《中國曹洞宗通史》，頁 327。
〔註33〕宋・普濟，《五燈會元》卷第十四，頁 883。
〔註34〕毛忠賢，《中國曹洞宗通史》，頁 328。
〔註35〕宋・師明集，《續古尊宿語要卷》，收入《禪宗集成》12，頁 8056。
〔註36〕楊曾文，《宋元禪宗史》，頁 483

　　吾年七十六，世緣今已足。生不愛天堂，死不怕地獄。撒手橫身三

　　界〔註37〕外，騰騰〔註38〕任運何拘束。〔註39〕

　　道楷於七十六歲過世，他生平不樂求世間的種種欲樂，故曾經上表辭去徽宗所賜的紫衣和「定照禪師」的封號。他也無懼於獄苦，在上表不受命後被拘入獄，也不稱疾病以求脫罪，所以「生不愛天堂，死不怕地獄」，是他平生的寫照。

　　「撒手橫身三界外」，所橫者為「法身」，而「騰騰任運何拘束」，則是度眾的態度。禪宗是大乘，大乘菩薩不脫離輪迴，要度化眾生就必須身處三界，雖在輪迴之中，卻不被輪迴所繫縛。所以，道楷所指的即是斷除三界生死煩惱後的騰騰任運。道楷臨終所作之〈偈〉，在現世上，是他這一生人格的體現，在禪修上，也是他「盡卻今時」，截斷生滅幻相，直究「唯空為真」的實相後，在生死輪迴中，不離三界眾生，任運騰騰的菩薩之行。

## 三、宏智正覺

### （一）宏智正覺生平

　　正覺〔註40〕（1091～1157）的祖父李寂，父親李宗道皆久參禪道。正覺十一歲在本縣（隰縣）淨明寺出家，十四歲時，在晉州（今山西臨汾縣）慈雲寺智瓊禪師的門下受具足戒，十八歲開始遊方參學，臨行向祖父告別，說：「若不發明大事，誓不歸矣。」

　　他在少室山坐夏，到汝州香山參謁成枯木禪師。有一天，聽見僧人誦《法華經》，至「父母所生眼，悉見三千界」時，突然有所省悟。他又造訪丹霞子

---

〔註37〕「三界」指眾生所居住的欲界、色界、無色界。欲界指具有淫欲、情欲、色　　　　　欲、食欲等有情所居住的世界。上自六欲天，中間包括人界四大洲、阿修羅，　　　　　下至畜生、餓鬼、地獄等，因為此界為男女雜居，多諸染欲，因此稱為欲界。　　　　　色界指遠離欲界的淫、食二欲，但是仍然具有清淨色質等有情所居住的世界。　　　　　此界在欲界之上，沒有欲染，也沒有女形，眾生皆由化生；色界的宮殿高大，　　　　　由色所化生，一切殊妙精好。因為此界尚有色質，因此稱為色界。無色界指　　　　　唯有受、想、行、識四心，而沒有物質生活的有情所居住的世界。此界沒有　　　　　任何物質之物，也沒有身體、宮殿、國土，只有心識，住在深妙的禪定之中，　　　　　因此稱為無色界。

〔註38〕騰騰：一，興起、奮起貌；二，懶散的樣子。

〔註39〕宋・惠洪，《禪林僧寶傳》卷第十七，頁356。

〔註40〕俗姓李，隰州隰川（今山西隰縣）人。

淳禪師。丹霞問：「如何是空劫已前自己？」正覺答：「井底蝦蟆吞卻月，三更不借夜明簾。」丹霞說：「未在，更道。」正覺擬議間，丹霞打了正覺一拂子，說：「又道不借。」正覺於言下開悟。

　　子淳退居於唐州（今河南唐河縣）大乘山的西庵，正覺跟著一起前往。子淳受命住持隨州大洪山（今湖北隨縣）的保壽禪院，正覺任其記室。於宋徽宗宣和三年（1121）正覺升任首座。翌年，他離開大洪山，前往廬山的圓通寺擔任首座。宣和五年（1123），正覺的師兄眞歇清了在眞州長蘆（今江蘇儀徵縣），召請正覺爲首座，代訓徒眾七百人。宣和六年（1124），正覺受泗州發運使向子諲的邀請，到泗州任大聖普照寺住持。

　　靖康元年（1126）正月，金兵大舉南侵，宋徽宗避難南下至鎮江，在經過泗州時，正覺率門下千餘人迎於道路，威儀十分嚴整。宋徽宗接見正覺，並答應所請，命地方官將改建神霄宮的土地歸還寺院。正覺又先後住持過舒州太平寺、江州廬山圓通寺、能仁寺、眞州長蘆崇福禪院。

　　建炎三年（1129），正覺開始住持明州天童寺（今浙江寧波）。天童寺本來「屋廬湫隘」，正覺爲之「創闢一新，衲子爭集萬指餘」〔註41〕。此後正覺曾在紹興八年（1138）九月，應詔住持臨安靈隱寺兩個月，其餘時間均在天童寺，前後近三十年。據《嘉泰普燈錄》記載，正覺自從擔任住持以來，「受無貪而施無厭，歲艱食，竭己有及贍眾之餘，賴全活者數萬。」〔註42〕他卒於紹興二十七年（1157），年六十七歲。〔註43〕

　　正覺在宋代禪宗史上的貢獻，是他倡導了「默照禪」，〔註44〕使默照禪成爲與看話禪並行的禪學流派。由於正覺成功的倡導了默照禪，使曹洞宗興盛起來，成爲僅次於臨濟宗的禪宗一派，宗杲稱其「起曹洞於欲墜之際，鍼膏肓於必死之時」〔註45〕。

　　正覺生平及禪法見於《宏智正覺禪師廣錄》、《嘉泰普燈錄》卷第九、《五

〔註41〕宋・正受，《嘉泰普燈錄》卷第九，頁370。

〔註42〕宋・正受，《嘉泰普燈錄》卷第九，頁373。

〔註43〕以上除注明出處外，主要依據宋・宗法等集成：《宏智正覺禪師廣錄》所附王伯庠撰〈敕諡宏智禪師行業記〉，頁607～613，並參考周葵所撰〈塔銘〉、《嘉泰普燈錄》卷九、《五燈會元》卷十四。

〔註44〕正覺的默照禪是繼承自芙蓉道楷丹霞子淳到眞歇清了提倡的「休歇」禪法的基礎上建立發展起來的，成爲後世曹洞修持的重要禪法。

〔註45〕宋・宗法等集成，《宏智正覺禪師廣錄》卷九（高雄：佛光出版社，1994年12月），頁625。

燈會元》卷第十四等。

### （二）生死禪法──默照禪

正覺說：「參禪一段事，其實要脫生死，若脫生死不得，喚什麼作禪。」
〔註46〕參禪的目的在於了脫生死，這是禪門各派的共同話題。「了生死」有兩
層含義：一是截斷因緣，不入輪迴；一是認清生死的眞相，了達本無生死。
禪宗的「了生死」屬於後者。

正覺是在子淳「空劫自己」一句證悟的，〔註47〕因此，他就專講所謂「空
劫前事」，他甚至把曹洞宗的理論特徵歸結爲「劫外」，正所謂「劫外家風茲
日辯、渠儂眞與我儂儔」〔註48〕。「空劫自己」和「空劫前事」，實際上就是
禪宗常講的「無位眞人」、「父母未生前的本來面目」，亦是自己的法身、自
性。其語錄說：

> 吾家一片田地，清曠瑩明，歷歷自照，虛無緣而明，寂無思而覺，
> 乃佛祖出沒化現，誕生涅槃之本處也。妙哉，人人有之，而不能
> 磨礱明淨，昏昏不覺，爲癡覆慧而流也。一念照得破，則超出塵
> 劫，光明清白，三際不得轉變，四相不得流化，孤耀湛存，互古
> 今，混同異，爲一切造化之母。底處發機，大千俱現，盡是箇中
> 影事。〔註49〕

「吾家一片田地」是指人人皆具的清淨本性，這清淨本性被妄念遮蔽，流轉
於生死，若能一念照破，則可照見這超出塵劫，互古常存的法身。若要照見
這空劫自己，則要通過一番修行的功夫。他說：

> 吾家衲子將以超脫生死，須槁身寒念，徹鑒淵底，需凝圓照，透出
> 四大五蘊，與因緣未和合，根門未成就，胞胎未包裹，情識未流浪
> 時，著得箇眼，何患不了。〔註50〕

正覺認爲修行人要超脫生死，便須槁身寒念，凝心圓照，才能參透出父母未

---

〔註46〕 宋・宗法等集成，《宏智正覺禪師廣錄》卷五，頁292。

〔註47〕 宋・宗法等集成，《宏智正覺禪師廣錄》卷九，頁608～609：丹霞淳禪師，
　　　　 道價方盛，師乃造焉。霞問：「如何是空劫已前自己？」師曰：「井底蝦蟆吞
　　　　 卻月，三更不借夜明簾。」霞曰：「未在更道。」師擬議，霞打一拂子云：「又
　　　　 道不借。」師忽悟作禮。霞云：「何不道取一句子。」師云：「某甲今日失錢
　　　　 遭罪。」霞云：「未暇得打爾，且去。」時二十三歲矣。

〔註48〕 宋・宗法等集成，《宏智正覺禪師廣錄》卷四，頁177。

〔註49〕 宋・宗法等集成，《宏智正覺禪師廣錄》卷六，頁375。

〔註50〕 宋・宗法等集成，《宏智正覺禪師廣錄》卷六，頁377。

生前的本來面目。默照禪就是把靜坐守寂作爲明心見性的唯一途徑。所以，在天童寺中「禪毳萬指，默坐禪床，無謦咳者」〔註51〕、「晝夜不息，與眾危坐」〔註52〕、「結屋安禪，會學去來，常以千數，師方導眾以寂，兀如拈株而屨滿戶外」〔註53〕，可知當日正覺門下坐禪的盛況。

　　在坐禪之中，正覺強調心空，〔註54〕他說：「若是一切心念盡也，無天堂到你，也無地獄到你。」〔註55〕「直須歇得空空無相，湛湛絕緣，普與法界虛空合，爾時是你本身。」〔註56〕「此是選佛場，心空及第歸。若心地下空寂，便是及第底時節。」〔註57〕正覺認爲達到了空心，也就是達到了佛的境界。所以，他倡導默照禪來幫助學人恢復本來清淨的心性。他說：

　　　　淨照而神，明見本來之性；虛通而妙，常觀自在之身。卓卓無依，
　　　　靈靈絕待。綿綿長存也，得名無量壽；如如持久也，故號不動尊。
　　〔註58〕

參悟自己的本來面目，即是明心見性，體悟這自在之身，本是卓立無依、綿綿長存的，可以永遠解脫生死，故而可以稱之爲「無量壽」，又因可以如如持久，故而可以稱之爲「不動尊」，正所謂「眞到劫空明自己，有無不墮超生死」。〔註59〕由默照禪來參透「空劫前事」，這「空劫前事」即是法身，這個法身是「與虛空合體」的：

　　　　此一段事，直須人人自到，人人自證，可以超出生死。……如今認
　　　　地水火風爲自己，豈不是妄想執著？……直須歇得到空空無相，湛
　　　　湛絕緣，普與法界虛空合，箇時是儞本身。〔註60〕

地水火風是色身，不可執著四大五蘊爲自己，直須休歇到空空無相，才見

---

〔註51〕　宋‧宗法等集成，《宏智正覺禪師廣錄》卷九，頁610。
〔註52〕　宋‧宗法等集成，《宏智正覺禪師廣錄》〈正覺宏智禪師塔銘〉，頁621。
〔註53〕　宋‧宗法等集成，《宏智正覺禪師廣錄》卷九，頁279。
〔註54〕　魏道儒，《宋代禪宗史論》（高雄：佛光文教基金會，2001年），頁139：正覺在強調「空劫自己」、「空劫前事」時，側重在「空」，他繼承了禪宗心性的傳統說法，並且強調了心的「虛空」特性，而超脫生死的關鍵，就在於心空。
〔註55〕　宋‧宗法等集成，《宏智正覺禪師廣錄》卷五，頁293。
〔註56〕　宋‧宗法等集成，《宏智正覺禪師廣錄》卷五，頁331。
〔註57〕　宋‧宗法等集成，《宏智正覺禪師廣錄》卷五，頁332。
〔註58〕　宋‧宗法等集成，《宏智正覺禪師廣錄》卷四，頁197。
〔註59〕　宋‧宗法等集成，《宏智正覺禪師廣錄》卷四，頁199。
〔註60〕　宋‧宗法等集成，《宏智正覺禪師廣錄》卷五，頁331。

得自己的本來面目，這個真正的自己，普合於法界虛空。他認為「刹刹塵塵是我」、〔註61〕「盡十方世界，而俱是我家」，〔註62〕這個我是「體與乾坤同壽」、「用與日月竝輝」的。〔註63〕他對此一法身的形容是「湛兮若存，法身圓極，而無去來」，若會得此，則可知道「一切處是爾自己、一切處是爾光明、一切處是爾坐道場、一切處是爾作佛事」〔註64〕。正覺的生死禪法，即在於識得此一「滅而不滅，與虛空合體而靈，生而不生，與森羅同用而妙」〔註65〕的本心，若能夠識得此一本心，則可以隨處解脫，隨處在光明裡行。

## （三）臨終偈

高宗紹興二十六年（1156），正覺向朝廷推薦宗杲住持阿育王寺，在開堂儀式上，正覺親自擔任維那。自宗杲住持育王寺，兩人相得甚歡，正覺曾對宗杲說：「脫我先去，公當主後事。」〔註66〕

第二年（1157）的秋天，正覺進城謁訪郡中的官僚，又到越州（浙江紹興市）辭別越帥趙令誏。歸返山寺後，生活如常。到了十月八日，他沐浴更衣，端坐寫信給當時住持在杭州徑山寺的宗杲，托付自己的後事，並作偈以辭世。〔註67〕正覺辭世之〈偈〉曰：

> 夢幻空花，六十七年。白鳥煙沒，秋水天連。〔註68〕

正覺十八歲即為了生死事，出家行腳參尋知識，他七坐道場，出應於世，卒年六十七歲。「夢幻空花」指色身的空幻生滅，有生有滅屬於因緣法，色身的生滅猶如一場夢幻空花一般。

這首偈中的「白鳥煙沒，秋水天連」，宛如一幅浩渺的山水圖畫，一隻白鳥在煙波中隱去，彷彿表現出他曾說的「幻滅非無」、〔註69〕「滅而不滅」〔註70〕的哲理，白鳥雖然消失了，但是還是在浩瀚的天宇之間。雖然幻質有滅，

---

〔註61〕宋・宗法等集成，《宏智正覺禪師廣錄》卷一，頁52。
〔註62〕宋・宗法等集成，《宏智正覺禪師廣錄》卷一，頁59。
〔註63〕宋・宗法等集成，《宏智正覺禪師廣錄》卷一，頁40。
〔註64〕宋・宗法等集成，《宏智正覺禪師廣錄》卷一，頁47。
〔註65〕宋・宗法等集成，《宏智正覺禪師廣錄》卷一，頁58。
〔註66〕宋・宗法等集成，《宏智正覺禪師廣錄》卷九，頁622。
〔註67〕依據宋・宗法等集成，《宏智正覺禪師廣錄》卷九，頁622。
〔註68〕宋・宗法等集成，《宏智正覺禪師廣錄》卷九，頁611。
〔註69〕宋・宗法等集成，《宏智正覺禪師廣錄》卷七，頁409。
〔註70〕宋・宗法等集成，《宏智正覺禪師廣錄》卷七，頁406。

但那一段與虛空合體的湛明靈光，卻充塞於天地之間。正覺的「秋水天連」，即呈現出此一與虛空合體，塵刹無邊的自性本心。此兩句宛展畫圖，寓意深遠而意境繇邈。

宗杲收到偈後，認爲正覺的臨終偈是「把斷要津全提底消息」〔註71〕，於是陞座云：「法幢摧，法梁折，法河乾，法眼滅。雖然如此，正是天童和尚的眞實說。」〔註72〕正覺的臨終偈流傳甚廣，此庵淨禪師稱譽此偈爲「佛祖頂骨」、「曹溪正傳」。〔註73〕

## 四、天童如淨

### （一）天童如淨生平

如淨〔註74〕（1163～1228）少年出家，十九歲遊方各地。如淨至雪竇（今浙江奉化縣）參足庵智鑑禪師，於其門下豁然有省。離開雪竇後復遊止於江湖二十餘年，不喜出世。至宋寧宗嘉定三年（1210），首次受請住持於建康府（今南京市）清涼寺，此後又先後兩度住台州瑞巖淨土禪寺，兩度住在臨安府淨慈寺。

宋理宗寶慶元年（1225），天童山景德寺住持無際了派（臨濟宗）圓寂，遺書推薦如淨爲住持，如淨於是年入住天童寺。如淨門風高古，日僧覺琿譽爲「人天導師、一代宗匠」〔註75〕。他對奢談門風的禪風深惡痛斥，認爲那不是佛法，也不是祖師之道，以頻頻標舉五家門風者爲魔黨畜生。當他住於天童寺時，日僧道元入寺爲弟子，如淨無法挽回曹洞宗的頹勢，但他的禪法

〔註71〕宋・雪峰蘊聞編，《大慧普覺禪師語錄》卷五《佛光大藏經》（高雄：佛光出版社，1994 年 12 月），頁 114：天童覺和尚遺書至，受書，云：「古人道：『末後一句，始到牢關，把斷要津，不通凡聖。』」舉起書云：「這個是天童和尚把斷要津全提底消息，還委悉麼？如未委悉，卻請維那分明說破宣了。」

〔註72〕宋・宗法等集成，《大慧普覺禪師語錄》卷五，頁 114。

〔註73〕宋・師明集，《續古尊宿語要》收入《禪宗集成》12，頁 8227：「天童訃音至，云：『夢幻空花，六十七年。白鳥煙沒，秋水連天。』箇是宏智老和尚，莫後一著子。識得者，以謂佛祖頂骨，曹溪正傳，綿綿密密。不識者，便謂手攜一隻履，蔥嶺去蕭然。山僧不避諸人笑怪，亦未免爲蛇畫足。夢幻空花六十七，臨行猶自老婆心。鴛鴦繡出與人看，誰知元不犯金針。」

〔註74〕字長翁，明州葦江（今浙江寧波市）人，俗姓俞。

〔註75〕《天童如淨禪師遺錄》所附《天童如淨禪師續語錄跋》，頁 14137。

賴日僧而東傳。〔註76〕如淨卒於理宗紹定元年（1128），年六十六歲。〔註77〕

　　如淨有《天童如淨和尚語錄》二卷、《天童山景德寺如淨禪師續錄》一卷傳世。

## （二）生死禪法──打坐

　　如淨以佛法之澆薄，歸因於諸方的不重視坐禪。如淨於眾前普說：

> 生死事大，無常迅速，是教家與禪家所同勸，今夕明旦如何受死，
> 如何受病哉。且存時不行佛法，睡臥空過時間是最愚也，因此故佛
> 法乃衰，諸方佛法盛時，叢林皆專以坐禪為事，近代諸方不勸坐禪，
> 佛法所以澆薄也。〔註78〕

如淨沒有明舉「默照禪」，而只強調「打坐」，顯然要回歸達磨的「壁觀禪」。
〔註79〕關於如淨只管打坐的宗風特色，其法嗣道元所傳如下：

> 堂頭和尚（如淨）示云：「參禪者，身心脫落也。不用燒香、禮拜、
> 念佛、修懺、看經，只管打坐而已。」拜問（道元）：「身心脫落者
> 何？」堂頭和尚示云：「身心脫落者坐禪也，只管打坐，時離五欲除
> 五蓋也。」〔註80〕

所謂「身心脫落」，就是指身心從外塵中脫落出來，成為性體的存在。〔註81〕
而要想達到此一境界，就必須離五欲、〔註82〕除五蓋。〔註83〕而欲離五欲、
除五蓋的方法就是「打坐」。道元記錄在天童寺時，院中的打坐情況是：「淨
老宵坐禪至二更三點，曉從四更二點三點起坐禪，與長老共坐禪堂裡，一夜

---

〔註76〕日僧道元（1200～1253）於1223年入宋求法，先後訪阿育王、徑山、天童諸
　　　　寺，之後從如淨處得曹洞禪法，並依止如淨三年。道元返日本之前，如淨將
　　　　曹洞宗五代禪師芙蓉道楷的法衣交付於他，自是曹洞一宗弘傳於日本，至今
　　　　仍燈燈相傳，法脈甚旺。

〔註77〕據日・忽滑谷快天著，朱謙之譯，《中國禪學思想史》（上海：上海古籍出版
　　　　社，1994年5月），頁630。

〔註78〕日・忽滑谷快天著，朱謙之譯，《中國禪學思想史》，頁622引《正法眼藏隨
　　　　聞記》。

〔註79〕毛忠賢，《中國曹洞宗通史》（南昌：江西人民出版社，2006年11月），頁
　　　　381。

〔註80〕日・忽滑谷快天著，朱謙之譯，《中國禪學思想史》，頁622引《寶慶記》。

〔註81〕毛忠賢，《中國曹洞宗通史》，頁382。

〔註82〕「五欲」是眼、耳、鼻、舌、身五根，對色、聲、香、味、觸五塵，所產生
　　　　的欲求。

〔註83〕「五蓋」即貪欲、嗔恚、睡眠、掉悔、疑懼五種無明。

不怠。」〔註84〕如有弟子昏睡，則「或以拳打，或以履打，令知恥醒眠」。〔註85〕在打坐的方法上，他說：「外不放入，內不放出，痛下一搥，萬事了畢。」〔註86〕即是強調心如壁立，截斷內心與外塵的攀緣。當打坐時妄念紛飛時，就要以「趙州狗子佛性無」的「無」字對治：

> 心念分飛，如何措手，趙州狗子佛性無。只個無字鐵掃帚，掃處紛飛多，紛飛多處掃，轉掃轉多，掃不得處拼命掃。晝夜豎起脊梁，勇猛切莫放倒。忽然掃破大虛空，萬別千差盡豁通。〔註87〕

打坐時妄念紛飛，就要以「無」字為鐵掃把，掃去紛飛的心念，掃之又掃，晝夜勇猛，自可掃破大虛空，豁然通達真如實相。他的〈坐禪偈〉：

> 今朝九月初一，打板普請坐禪。第一切忌瞌睡，直下猛烈為先。忽然爆破漆桶，豁如雲散秋天。劈脊棒，送胸拳，晝夜方纔不可眠。虛空消殞更消殞，透過威音未朕前。咦，栗棘金圈恣交衰，凱歌高賀徹風顛。〔註88〕

他強調在坐禪中「切忌瞌睡」、「晝夜方纔不可眠」，要下得猛烈的工夫，方可爆破漆桶，方可透出威音前的本來面目。這種經由打坐而驗證的「身心脫落」，他也用「打破黑漆桶」來比喻，如「打破黑漆桶，十方空豁豁」、〔註89〕「打破黑漆桶，十方空索索」〔註90〕等。

　　如淨力行打坐，從打坐中使人的靈明性體得以顯露出來，證得此本來現成、周遍法界、本無生死的本來面目。在《天童如淨禪師語錄》中，如淨屢次提及本無生死的道理，他於上堂時說：

> 不曾生，不曾死，洞裡桃花紅照水。可憐開眼被渠瞞，人間天上風波起。〔註91〕

---

〔註84〕日・忽滑谷快天著，朱謙之譯，《中國禪學思想史》，頁 622 引《正法眼藏隨聞記》。

〔註85〕日・忽滑谷快天著，朱謙之譯，《中國禪學思想史》，頁 622 引《正法眼藏隨聞記》。

〔註86〕宋・文素等編，《天童如淨禪師語錄》，收入《禪宗集成》21（台北：藝文印書館，1968 年版），頁 14115。

〔註87〕宋・文素等編，《天童如淨禪師語錄》卷下，頁 14116。

〔註88〕宋・文素等編，《天童如淨禪師語錄》卷上，頁 14108。

〔註89〕宋・文素等編，《天童如淨禪師語錄》卷上，頁 14107。

〔註90〕宋・文素等編，《天童如淨禪師語錄》卷下，頁 14118。

〔註91〕宋・文素等編，《天童如淨禪師語錄》卷上，頁 14109。

人的本來面目沒有生死，就如同在桃花源裡的人，本不知有漢魏晉等朝代，一旦由漁人入洞後，方起分別風波。他屢次在主持喪禮，為亡者下火時，一再強調這本來面目「本無生死」，或「生死不相干」的道理。例如〈一上座下火〉：

> 萬法歸一，生也，猶如著衫。一歸何處，死也，還同脫袴。生死脫著不相干，一道神光常獨露。咦，疾焰過風發大機，塵塵剎剎沒回互。〔註92〕

在這首詩中，如淨以「萬法歸一」和「一歸萬法」來說明生死。生死就如同著衫脫袴一樣，衫袴是人的色身，色身有生死，而人的本來面目是「一道神光常獨露」，是與生死本不相干的。在本無生死的禪法上，多見於他為過世僧人的下火，如〈醫者下火〉：「咦，本來面目無生死，春在梅花入畫圖。」〔註93〕〈知覺座下火〉：「恁麼會得不曾生不曾死，咦，亙天烈焰紅飆起。」〔註94〕〈慧印堂主下火〉：「且道因甚，如此高超，佛祖無生死。」〔註95〕

### （三）臨終偈

如淨受教於曹洞宗智鑑禪師，但他六坐道場，卻始終未按儀規，拈香禮師告眾，宣明自己的宗派師承。若遇到眾人問請，如淨總是說：「待我涅槃堂裡拈出。」理宗紹定元年（1228），如淨忽然感疾，即對眾人說：「進院得住且住，退院要行便行，還相委悉麼個條烏拄杖，莫怪太生獰。」並且擲杖下座，自己到涅槃室拈香云：「如淨行腳四十餘年，首到乳峰，失腳墮於陷穽。此香今不免拈出，鈍置我前住雪竇足庵大和尚。」〔註96〕如淨六為住持而不標「稟承」，就是主張撤銷門戶，〔註97〕只是由於當初確從雪竇智鑑處得法，故臨終有「捻香鈍置」以報師恩之舉。其〈辭世偈〉：

---

〔註92〕 宋・文素等編，《天童如淨禪師語錄》卷下，頁14125。
〔註93〕 宋・文素等編，《天童如淨禪師語錄》卷下，頁14125。
〔註94〕 宋・文素等編，《天童如淨禪師語錄》卷下，頁14125～14126。
〔註95〕 宋・文素等編，《天童如淨禪師語錄》卷下，頁14126。
〔註96〕 依據宋・文素等編：《天童如淨禪師語錄》卷下，頁14118～14128。
〔註97〕 毛忠賢，《中國曹洞宗通史》，頁380：細細品味如淨法語，似覺五家七宗的精神皆在其中。然而又哪家的標志也不貼，便是曹洞自己的種種範疇也極少標舉。這一來，如淨禪法如渾沌未鑿之太初，除了一即一切，一切即一；心起則有，心空則無這一禪宗的原旨外，別的全被汰滌，這就是禪法的簡化和向古樸回歸。

六十六年，罪犯彌天。打箇踍跳，活陷黃泉。咦，從來生死不相干。
〔註98〕

　　如淨首言辭世年齡爲六十六歲，並以「罪犯彌天」來形容他生平中的說法。他在入天童寺焚香謝恩時，指著法座說：「爐炭爲牀，鑊湯爲座。口吐黑煙，彌天罪過。」〔註99〕在斂衣就座時說：「有問有答，屎尿狼藉。無問無答，雷霆霹靂。」〔註100〕如淨上堂說法時，認爲是以爐炭爲牀、以鑊湯爲座，而口中吐出的言語有如黑煙。因此，他把上座說法當作是彌天的罪過。如淨宗風的特色是只管打坐，以得見自己的本來面目，他所謂「打箇踍跳，活陷黃泉」，即是身心脫落，證見自己本來面目之後，恍然了悟這本體是無生無滅的，是「生死不相干」的。

## 小　結

　　在宋代之前，曹洞宗的臨終偈作者有三人，洞山良价的〈頌〉開示學者不可在言語上尋求知解；疏山匡仁和重雲智暉禪師的臨終偈，都在色身與法身上立義。宋代曹洞宗的臨終偈承前代發展，據曹洞宗的四位代表人物臨終偈的內容，都重在法身體性的敘述。

　　爲了證見法身，必須下一番參究的工夫。在參究方法上，曹洞宗的修證如「盡卻今時」、「默照」的休歇、及「打坐」，這些都是「虛內淨外」的功夫，用以參究「空劫自己」和「空劫前事」，以了悟法身的本無生死，而可以當下解脫。所謂「空劫自己」，實際上和禪宗常講的「父母未生前的本來面目」相當，亦是自己的「法身」。

　　在宋代曹洞宗的臨終偈中，屬於法身體性的描述上，大陽警玄臨終偈的「頂相終難覩」，表達著法身的無形無相；道楷的臨終偈的「撒手橫身三界外」，闡示法身雖在輪迴之中，卻不被輪迴所繫縛；正覺臨終偈的「白鳥煙沒，秋水天連」，所展示的是法身與虛空合體的證境；天童如淨臨終偈所證見的，是此一「法身」本體在生死上，與色身的生死是不相干的。雖然這四位禪師對法身的體性上，各有不同面向的描寫，但都同樣肯定法身的存在。由此可知，曹洞宗的生死哲學，是以「法身」爲核心思想。

〔註98〕宋・文素等編，《天童如淨禪師語錄》卷下，頁14128。
〔註99〕宋・文素等編，《天童如淨禪師語錄》卷下，頁14115。
〔註100〕宋・文素等編，《天童如淨禪師語錄》卷下，頁14115。

# 第六章　宋代雲門宗之臨終偈

本章論文首先論述雲門宗之成立及發展，及雲門宗在宋代的發展狀況。在雲門宗臨終偈的研究上，以薦福承古、洞山曉聰、佛日契嵩、天衣義懷、法昌倚遇、法雲法秀六人爲代表人物。

## 第一節　雲門宗之成立及發展

### 一、雲門之成立

中國禪宗的禪法，至晚唐五代出現五家宗派，進入了興盛的時期，高度的發展必然造成宗派分歧的情況。這時，南嶽懷讓一系就出現有潙仰宗、臨濟宗兩家，青原行思一系分出了曹洞宗、雲門宗和法眼宗三家。

雲門宗是「禪宗五家」之一，崛起於五代時期的南漢，爲惠能以下第八代，青原行思以下六世法嗣雲門文偃（864～949）所創。雲門宗，亦稱雲宗，因文偃住韶州雲門山（今廣東省乳源縣）的光泰禪院，舉揚一家宗風，後世取其所居山名而命宗。

雲門宗的創立者文偃，俗姓張，浙江嘉興人。文偃禪師幼年依空王寺志澄律師出家爲弟子，精研戒律。數年後至睦州參謁道踪禪師（陳宿尊），道踪是黃檗希運的法嗣。一日，文偃因道踪告以「秦時𨍏轢鑽」而朗然開悟。數年後，他入閩參禮雪峰義存禪師，成爲雪峰義存門下聲望最高、影響最大的弟子。義存圓寂後，文偃又參謁韶州的靈樹知聖禪師，追隨左右八年。於後梁龍德三年（923）時領眾開山於廣東韶州之雲門山，風流四表大弘教化，登

門入室來參學者,莫可勝紀。文偃於乾和七年(949)順化,建塔於靈樹,諡大慈雲匡眞弘明禪師。〔註1〕文偃傳法於五代,其直接法嗣眾多,約有 88 人載於燈史,〔註2〕足見其法席之盛。

文偃禪師接引學者的方法以「雲門三句」最爲著名。「雲門三句」即「涵蓋乾坤、截斷眾流、隨波逐浪。」緣密以頌體作解釋:

「涵蓋乾坤」的頌是:

乾坤並萬象,地獄及天堂。物物皆眞現,頭頭總不傷。〔註3〕

「截斷眾流」的頌是:

堆山積嶽來,一一盡塵埃。更擬論玄妙,冰消瓦解摧。〔註4〕

「隨波逐浪」的頌是:

辯口利舌問,高低總不虧。還如應病藥,診候在臨時。〔註5〕

大致來說,「涵蓋乾坤」表示宇宙萬有都是「眞我」的顯現,「截斷眾流」爲修證自己本來面目的手段,而「隨波逐浪」是指隨機緣根器而度眾的方法。

據《人天眼目》卷二,雲門的宗風是:「絕斷眾流,不容擬議,凡聖無路,情解不通。」〔註6〕「孤危聳峻,人難湊泊,非上上根孰能窺其彷彿哉。」〔註7〕其接引學者多於片言隻語之間超脫言意,不留情見,從而達到掃除情解的目的。因此,雲門宗以其險峻高古、艱深玄妙,在禪林中享有「雲門一曲」、「雲門天子」的讚譽。

## 二、雲門宗在宋代的發展

雲門宗之下二、三世時,得以迅速發展。雪竇重顯(980～1052)作《頌古百則》,大振宗風,被稱譽爲「中興雲門」。其弟子天衣義懷(989～1060)

---

〔註1〕 依據宋·賾藏主集,《古尊宿語錄》卷十八〈雲門山光泰禪院匡眞大師行錄〉〈請疏〉,收入《禪宗集成》12(台北:藝文印書館,1968 年版),頁 7546～7548。

〔註2〕 按《景德傳燈錄》錄其法嗣 61 人;《天聖廣燈錄》錄其法嗣有 27 人;《傳法正宗記》錄其法嗣有 88 人。

〔註3〕 宋·賾藏主集,《古尊宿語錄》卷十八,頁 7540。

〔註4〕 宋·賾藏主集,《古尊宿語錄》卷十八,頁 7540。

〔註5〕 宋·賾藏主集,《古尊宿語錄》卷十八,頁 7541。

〔註6〕 宋·智昭集,《人天眼目》卷二,收入《禪宗集成》5(台北:藝文印書館,1968 年版),頁 3035。

〔註7〕 宋·智昭集,《人天眼目》卷二,頁 3035。

的門庭也很興盛，其著名弟子慧林宗本（1020～1099）、法雲法秀（1027～1090）分別奉詔住汴京（今河南開封）的慧林寺和法雲寺。於是，雲門的禪風盛行於京城一帶，使南方禪宗在北方得到發展。宗本的弟子法雲（1035～1109）發揚宗風，曾奉敕住持法雲寺。法秀的弟子則有法雲惟白，曾三度入宮說法，著有《建中靖國續燈錄》三十卷入藏，宋徽宗為之作序。北宋時，雲門宗還有一位重要的禪師佛日契嵩（1007～1072），為文偃的四世法孫，出自曉聰門下，他著作《嘉祐集》、《輔教集》，受到仁宗的賞識，敕許其著作入藏流通，這更加強了雲門的勢力。所以，雲門宗最為興盛的時期是在雲門之下四、五世時。據黃啟江〈雲門宗與北宋叢林之發展〉中列表指出：雲門人才之盛在四、五、六世，七、八世次之。人才鼎盛之時間在宋仁、英、神宗各朝，次為哲、徽、欽及南宋高、孝二朝，其後人才凋零，漸呈衰歇之勢。〔註8〕雲門宗的發展到了北宋晚期時，法嗣已經減少，勢力漸漸為臨濟、曹洞二宗所分，而成強弩之末，到了元朝，法系已經無可考稽。

# 第二節　宋代雲門宗臨終偈的代表人物

　　宋代雲門宗臨終偈的作者，在青原下八世有雲豁，青原下九世有曉聰，青原下十世有義懷、倚遇，青原下十一世有法泉、法英（祖鏡）、法秀、法明，青原下十二世有廣燈（智覺），青原下十三世有尼法海，共有九人。另外於《全宋詩》中所無，而其身分重要，且有臨終偈見於相關燈錄者，有青原下七世的釋承古、青原下九世的釋契嵩、青下十一世的釋法秀三人，共計十二人（見附錄十）。

　　本節以薦福承古、洞山曉聰、佛日契嵩、天衣義懷、法昌倚遇、法雲法秀六人為代表人物。

## 一、薦福承古

### （一）薦福承古生平

　　承古〔註9〕（970～1045）少年為書生，博學而有聲名。到了壯年，因為

〔註8〕黃啟江，〈雲門宗與北宋叢林之發展〉，《大陸雜誌》，第八十九卷第六期，頁7。
〔註9〕西州（陝西漢中府沔縣）人，姓氏已經不可考。

－101－

鄉選到禮部去參加省試，跟有司的議論不合，有司竟撕毀了承古的冠帽。從此，承古便絕意於功名，而開始遊歷山水。

他在潭州（今湖南長沙）時參謁敬玄禪師，並削髮隨其出家。其後又往南遊歷，參謁南嶽的良雅禪師。良雅禪師是洞山守初的弟子，知見很高，屬於雲門下二世。承古被收為他的入室弟子，但根據《建中靖國續燈錄》卷二所記載，承古參謁大光敬玄禪師，說他「祇是個草裡漢」；參謁福嚴雅禪師，說他「祇是個脫洒衲僧」，〔註 10〕可見承古對他所師事的這兩位禪師並不滿意。所以，他便「終日默然，探究先德洪規」。〔註 11〕有一天，他在閱覽雲門文偃的對機語錄時，忽然發悟，從此便不求名聞，韜隱在雲居山（今江西永修縣）弘覺（道膺）禪師的塔中。由於他的清規凜然，贏得了四方學者的尊崇，所以被稱為「古塔主」。

北宋仁宗景佑四年（1037）十月，范仲淹（989～1052）出守鄱陽（今江西波陽），聽到了承古的名聲，便迎請承古住持荐福寺，范仲淹請承古開堂的疏文中，對承古有著「古師和尚淨行無垢，孤風絕攀」〔註 12〕的讚譽。在承古進住荐福寺的開堂升座儀式上，承古捻香明確宣告自己所承嗣的，是已經去世一百多年的雲門宗創始人文偃。他卒於仁宗五年（1045），年七十六歲。〔註 13〕

承古之生平及禪法，見於《荐福承古禪師語錄》、《建中靖國續燈錄》卷二、《禪林僧寶傳》卷第十二、《聯燈會要》卷第二十六、《五燈會元》卷第十五。

## （二）生死禪法——兩個自己

承古上堂說法時，以古者為「三緣故」出家來勉勵他的門下弟子。這個三緣故，第一為自己輪迴生死；第二為紹隆三寶，令佛法久住世間；第三為六道四生悉得解脫。〔註 14〕在為解脫自己輪迴生死的禪法中，承古提出「兩

---

〔註 10〕 宋・惟白，《建中靖國續燈錄》，收入《中國燈錄全書》二（北京：中國藏學出版社，1993 年 11 月），頁 205～206。

〔註 11〕 宋・惟白，《建中靖國續燈錄》，頁 206。

〔註 12〕 宋・文智編，《荐福承古禪師語錄》，收入《禪宗集成》23（台北：藝文印書館，1968 年版），頁 15597。

〔註 13〕 以上除注明出處外，主要依據《禪林僧寶傳》卷第十二〈荐福古禪師〉，頁 287～296，並參考《五燈會元》卷第十五、《荐福承古禪師語錄》、《建中靖國續燈錄》卷二。

〔註 14〕 宋・文智編，《荐福承古禪師語錄》，頁 15605。

個自己」的說法。他說：

> 眾生久流轉者，爲不明自己。欲出苦源，但明取自己者，有空劫時
> 自己，有今時日用自己。空劫自己是根蒂，今時日用自己是枝葉。
> 〔註15〕

他說的「兩個自己」，分別是「空劫自己」和「日用自己」。楊曾文認爲，承
古所說的「空劫自己」，就是大乘佛教所說具有世界本體意義的眞如、佛性
的一個變相說法，也可稱之爲「自性」、「心」、「本心」、「一眞法界」，有的
禪僧稱此爲「本來面目」〔註16〕。而承古所說的「日用自己」，是「門頭戶
口光影爲身」〔註17〕的自己，也就是在現實生活中的自己。這兩個自己的關
係中，承古認爲「空劫自己」是「根蒂」，而「日用自己」則是「枝葉」。

　　承古認爲人們不免生死輪迴，是因爲不曾「見性悟道」，只認識一個「門
頭戶口光影」的色身自己，而不知道有一個「本來自己」。〔註18〕他在〈小參
語錄〉中說：

> 夏將欲末，空劫以前事，還得相應也未？若也未得相應，爭奈永劫
> 輪迴，何有什麼心情，學佗佛法？廣求知解，被知解風吹入生死
> 海。……只是心不息，與空劫以前事不相應。因茲惡道輪迴，動經
> 塵劫，不復人身。如今生出頭來，得個人身，在袈裟之下，依前廣
> 求知解，不能息心，未免六趣輪迴，動經塵劫。何不休心去，如癡
> 如迷去，不語五七年去，以後佛也不奈你何。參。〔註19〕

因爲眾生的心不停息，未能與「空劫以前事」相應，以導致於在生死海中「永
劫輪迴」，或在「惡道輪迴」，動輒經過塵沙劫的沉淪，如今好不容易出得頭
來，若不能息心，難免又輪迴六道。他認爲若要解脫自己的輪迴生死，就要
體取「空劫自己」。在體取「空劫自己」上，他主張以「休心」來達到與「空
劫時自己」相應。他說：

> 若要體取空劫以前自己事，直須休心。若得無心，輪回永斷。若得
> 無心即是佛，佛即是法，法佛和合名爲僧，當體即是常住三寶。虛

---

〔註15〕宋・惠洪，《禪林僧寶傳》卷第十二，頁287。

〔註16〕楊曾文，《宋元禪宗史》，頁160。

〔註17〕宋・文智編，《荐福承古禪師語錄》，頁15610。

〔註18〕宋・文智編，《荐福承古禪師語錄》，頁15609～15610：爲你不曾見性悟道，所
　　　　以生死不斷。從生至老，只是識得個門頭戶口光影爲身，不知有個本來自己。

〔註19〕宋・文智編，《荐福承古禪師語錄》，頁15605。

空有變，此法常存。故知無心，方能延得佛法壽命。若得無心，照
見法界眾生，齊成正覺，度一切有情。於修行門中，休心最為第一。
所以三世諸佛，皆於無心路上，方得見性。〔註20〕

要體得空劫以前事，就要以「休心」為途徑，達到「無心」的境界，便能輪
迴永斷，便能體得自我的佛性，並可度一切有情眾生。

承古的這兩個自己，換句話說，也就是「法身」和「色身」之分，「法
身」是「空劫自己」，「色身」是「日用自己」。承古解決生死的方法，就是
以「休心」的修行途徑，體取空劫前本不生滅的自己。所以，他常勸人「莫
學佛法，但自休心」，〔註21〕如果能夠認識到這本不生滅的自己，方可脫離
有生死妄想的苦源，方能於生死中不被業障所拘而得大自在。

### （三）臨終偈

承古於仁宗慶曆五年（1045）仲冬四日，升堂說偈辭眾，言畢而逝。其
偈曰：

天地本同根，鳥飛空有跡。雪伴老僧行，須彌撼金錫。乙酉冬至四，
靈光一點赤。珍重會中人，般若波羅蜜。〔註22〕

承古臨終偈的第一句，開示著「空劫自己」與天地同根的道理。他曾於
上堂時說：「三界唯心，萬法唯識，乃得天地同根，萬法一體。」〔註23〕在〈小
參語錄〉中，也開示弟子諸法所生唯心所現的道理，乃至日月星辰、森羅萬
象，皆不出自己的一心。〔註24〕因為所有的事物都是「空劫自己」的妙體之
所現，是匝地普天，無所不在的。而「日用的自己」，僅是隨緣應現的自己，
就如「鳥飛空有跡」一般，因此，偈的前兩句是從哲理上對生死的敘述。其
後再寫他老去的身影從冬雪中歸去，手持的金錫震撼了須彌山，仿可見他穎
脫獨拔之風，及令人震攝的現前大用。

「乙酉冬至四」是承古所預知的時至，「靈光一點赤」是他臨行的悲心。
「靈光」原本是無形無體，無可睹見的，但承古以「赤」來表達他臨終的悲
心殷誠。「般若波羅蜜」〔註25〕是實相智慧，由此智慧可以證悟到本來自性，

〔註20〕宋‧文智編，《荐福承古禪師語錄》，頁15606。
〔註21〕宋‧普濟，《五燈會元》卷第十五，頁945。
〔註22〕宋‧文智編，《荐福承古禪師語錄》，頁15618。
〔註23〕宋‧文智編，《荐福承古禪師語錄》，頁15598。
〔註24〕宋‧文智編，《荐福承古禪師語錄》，頁15606。
〔註25〕般若波羅蜜是一句複合詞，由般若與波羅蜜組合而成，精確的定義：般若譯

達到無生無死的彼岸。六道輪迴，動經塵劫，承古在將入滅時，護念眾生之情不盡，故以「般若波羅蜜」，對學人做最後的囑咐。

## 二、洞山曉聰

### （一）洞山曉聰生平

曉聰〔註26〕（？～1030）少年時，在雲門寺剃度出家，曾經到江西永修縣的雲居寺作燈頭。〔註27〕曉聰在雲居寺時，寺僧傳聞僧伽和尚在揚州出現，〔註28〕有僧人問：「既泗州僧伽，因什麼揚州出現？」這時曉聰正從一旁經過，眾人戲弄的要曉聰回答。曉聰說：「君子愛財，取之以道。」後來，這句話傳到天台山蓮花峰的祥庵主那裏，祥庵主聽後大驚，說：「雲門兒孫猶在耶！」於是他在半夜敷陳坐具，朝著雲居寺的方向禮拜。從此，曉聰的名聲就在叢林中傳開。

此後曉聰又到了筠州洞山（今江西省宜豐縣），投到詮禪師的門下。宋眞宗大中祥符二年（1008），詮禪師移住栖賢寺，讓曉聰繼位在洞山的法席。曉聰在洞山傳法，爲雲門四世孫。他在洞山的東嶺，種植多達萬棵的松樹，因爲他在種松時，凡植一株，便坐誦《金剛般若經》一卷，並自稱是「栽松比丘」，〔註29〕所以山中的人便將東嶺稱爲「金剛嶺」。當時的比部郎中許式出守南昌時，曾造訪蓮花峰的祥庵主，祥庵主以「人天眼目」來讚譽曉聰，於是許式便作了一首〈寄洞山聰禪師〉：

> 語言渾不滯，高躡祖師蹤。夜坐連雲石，春栽帶雨松。鏡分金殿燭，
> 山答月樓鐘。有問西來意，虛堂對遠峰。〔註30〕

---

爲智慧，波羅蜜譯爲「到彼岸」、「圓滿」、「究竟」。整句詞義組合便有：1、到彼岸（涅槃）的智慧；2、最圓滿，最究竟的智慧（佛智）。有佛無佛諸法性常住，世間諸法性者即是諸法實相，諸法實相者即是般若波羅蜜。

〔註26〕俗姓杜，韶州曲江（今廣東韶關）人。

〔註27〕宋・普濟，《五燈會元》卷第十五，頁 985。

〔註28〕據宋・贊寧，《宋高僧傳》卷十八（台北：文津出版社，著 1988 年 7 月）〈僧伽傳〉，頁 448～452 之記載可知：僧伽於唐中期，來自蔥嶺以北的何國，展轉來到泗州臨淮縣，乞地建普照寺，以神異著稱，爲唐中宗所敬信。僧伽死於景龍四年（710），年八十三歲。僧伽在唐五代被視爲觀世音菩薩化身、泗州大聖，受到廣泛的信仰，認爲僧伽沒有眞正的死去，並有他於各地顯靈的傳聞。

〔註29〕明・釋明河，《補續高僧傳》卷七，收入《續修四庫全書》（上海：上海古籍出版社，1999 年），頁 109。

〔註30〕《全宋詩》一冊，頁 590。

天聖八年（1030），曉聰生病，於是便上堂辭眾，於說偈後遷化。他的弟子收集了他火化後的遺骨，建塔於金剛嶺。〔註31〕

曉聰生平及禪法見《天聖廣燈錄》卷第二十三、《禪林僧寶傳》卷第十一，《五燈會元》卷第十五、《補續高僧傳》卷七。

### （二）生死禪法 —— 心地法門

楊曾文認為曉聰的禪法特重「心地法門」和「佛即自身，修行不離日常生活」。〔註32〕「心地法門」者，是說明心地即佛性，為一切眾生成佛的本質。所以，「心地法門」就是在闡揚一切眾生皆有一個真心，這真心就是佛性，亦名心地。他於初開堂時，對大眾說：

> 舉揚宗旨，意密難明，心地法門，豈從語路？祇為眾生日用而不知，
> 背覺合塵，狂迷諸趣，遂有諸佛出現於世，轉大法輪，隨根引逗。
> 若也全提舉唱，曹溪一路平沉，更乃坐斷十方。忙忙者，帀地普天，
> 咸皆罔措。〔註33〕

曉聰的開示中，說明心地法門不是從言語上參求，真如之性湛然常住，就在生活中的行住坐臥，語默動靜之間。但因為眾生日用而不知，所以諸佛才出世說法，隨機接引。若因此而全靠佛法的文字說解、或參禪打坐，則非正確的求道方法，如此忙忙的求法，而無法開悟的學者比比皆是。他認為佛法不能僅靠言說，因為：「言多去道轉遠，只可以言語道斷，心行處滅。」〔註34〕

曉聰提倡「佛即自身，自身即佛」的「心地法門」，而這佛性正表現在生活的起坐之中，曉聰的禪法特別強調「日用是道」，例如〈閒坐頌〉：

> 太平時代不思議，佛法無悟亦無迷。困來打睡飯來喫，學禪學道大
> 愚痴。〔註35〕

佛法本不離於生活，若將佛法當作學修的對象，則是愚痴的事情。曉聰承繼雲門宗的宗風，認為日常生活中的吃飯睡覺等，無不是修行的時節，沙門的德目。〔註36〕一切的動作生活，都是本體之用，也包含了生死，因為「舉足

---

〔註31〕以上除注明出處外，主要依據《禪林僧寶傳》卷第十一，頁 277～280，並參考《天聖廣燈錄》、卷第二十三、《五燈會元》卷第十五、《補續高僧傳》卷七。
〔註32〕楊曾文，《宋元禪宗史》，頁 102～104。
〔註33〕宋・李遵勗，《天聖廣燈錄》卷第二十三，頁 757。
〔註34〕宋・李遵勗，《天聖廣燈錄》卷第二十三，頁 758。
〔註35〕宋・李遵勗，《天聖廣燈錄》卷第二十三，頁 764。
〔註36〕宋・守堅集，《雲門匡真禪師廣錄》，收入《禪宗集成》11（台北：藝文印書

下足皆是道場，動靜去來無非佛事」。〔註37〕

### （三）臨終偈

曉聰於宋仁宗天聖八年（1030）六月示寂，臨終前，他聚集僧俗弟子，作〈法身頌〉：

> 參禪學道莫茫茫〔註38〕，問透法身北斗藏。余今老倒尪羸甚，見人
> 無力得商量。唯有钁頭知我意〔註39〕，栽松時復上金剛。〔註40〕

這首頌中，曉聰以「法身」及「色身」分別陳說。有人問雲門禪師，法身究竟是什麼？雲門回答：「北斗裡藏身。」〔註41〕曉聰的〈法身頌〉中，以「問透法身北斗藏」，來說明法身遍一切處、一切時的恆常性；以「余今老倒尪羸甚」，來說明目前「色身」的老倒尪羸，再以钁頭親切，開展出上嶺栽松的修行畫面。

曉聰雖在臨終，仍意在钁頭邊，「栽松」即生活，「金剛」代表佛法的修行，曉聰認為修行不離日常生活，這樣的修行也用在生命臨終上。臨終和死亡，也是生活的修行，曉聰的臨終偈中，呈現出法身本無生死的哲理，也展現著日用是道的踐履。

## 三、佛日契嵩

### （一）契嵩生平

契嵩〔註42〕（1007～1072）七歲時跟隨東山某一位沙門，十三歲剃度，十九歲開始遊方參學。他曾經遊歷在湖南沅湘，南嶽衡山一帶。契嵩在潭州（今湖南長沙）時，參謁神鼎寺的洪諲禪師，又在瑞州（今江西高安）參謁雲門宗下三世的洞山曉聰禪師，並且成為曉聰的得法弟子。契嵩學法精勤，

---

　　館，1968年版），頁7497：「除卻著衣吃飯，屙屎送尿，更有什麼事？無端起得許多般妄想作什麼？」「十二時中行住坐臥屙屎送尿。至於茆坑裏蟲子肓肆賣買羊肉案頭，還有超佛越祖底道理麼。」
〔註37〕宋・李遵勗，《天聖廣燈錄》卷第二十三，頁758。
〔註38〕《禪林僧寶傳》卷第十一、《天聖廣燈錄》卷第二十三作「忙忙」。
〔註39〕《禪林僧寶傳》卷第十一、《天聖廣燈錄》卷第二十三作「道」。
〔註40〕《禪林僧寶傳》卷第十一作「種松時復上金剛」、《天聖廣燈錄》卷第二十三作「種松同步上金剛」。
〔註41〕宋・普濟，《五燈會元》卷第十五，頁928。
〔註42〕俗姓李，字仲靈，自號潛子。藤州鐔津（今廣西藤縣）人。

他每天晚上頂戴著觀世音菩薩的聖像，並誦念觀世音菩薩的聖號，必誦滿十萬聲才肯就寢。

在當時，天下的學風崇尚古文，景慕韓愈提倡的先王之道，在這種學風下，契嵩於明道年間（1032～1033）作《原教論》十餘萬言，闡明儒釋之道一貫的道理。以後士大夫張商英、李綱等人，主張調和儒佛兩家思想，這也都是受到契嵩的影響。〔註43〕契嵩再度遊歷衡嶽，回來後著作《禪宗定祖圖》、《傳法正宗記》等書，他博考經典，以佛後摩訶迦葉獨得大法眼藏，是為初祖，推而下至達磨多羅為二十八祖，密相付囑，不立文字，謂之教外別傳。書成之後，契嵩於嘉祐六年（1061）遊歷京師，分別上書擔任宰相的韓琦和曾公亮。並兩次上書仁宗，仁宗表示嘉許，下令傳法院，將契嵩之著作〔註44〕編入大藏經。仁宗還賜契嵩以「明教大師」的名號以示褒寵，契嵩再次辭讓，都沒有獲許。

契嵩在京城期間，「朝中自韓丞相下，莫不延見而尊重之」〔註45〕。朝廷想留契嵩於京城的憫賢寺，但契嵩沒有接受，而請求回到杭州。宋英宗治平二年（1065），應蔡襄（1012～1067）的延請，住入錢塘的佛日禪院。〔註46〕他住佛日數年後，仍退歸靈隱寺，卒於神宗熙寧五年（1072），年六十六歲。〔註47〕

契嵩生平及禪法見於《禪林僧寶傳》卷第二十七、《建中靖國續燈錄》卷五、《五燈會元》卷第十五、《新續高僧傳四集》卷三十三、《鐔津文集》卷第一〈鐔津明教大師行業記〉。

### （二）生死禪法──情為其累

在生死哲學上，契嵩認為「使萬物而浮沉於生死者，情為其累也」。〔註48〕《輔教編》中，契嵩認為儒佛兩教的聖人設教，各有其宜。儒家治理民眾於當世，但佛家則教人超脫生死輪迴。至於生死之因，他在《原教》中開宗明義：

---

〔註43〕魏道儒，《宋代禪宗史論》，頁161。

〔註44〕《傳法正宗記》《傳法正宗論》十二卷、《傳法正宗定祖圖》、《輔教編》一部三冊，編入大藏經並刻印流傳。

〔註45〕宋・陳舜俞，《鐔津文集》，收入《宋集珍本叢刊》（北京：線裝書局，2004年），頁354。

〔註46〕宋・陳舜俞，《鐔津文集》，頁354。

〔註47〕以上除注明出處外，主要依據《禪林僧寶傳》卷二十七，頁451～453，並參考《五燈會元》卷十五、《鐔津文集》〈鐔津明教大師行業記〉。

〔註48〕宋・陳舜俞，《鐔津文集》卷第一，頁355。

> 萬物有性情，古今有死生。然而死生性情，未始不相因而有之。死
> 固因於生，生固因於情，情固因於性，使萬物而浮沉於生死者，情
> 爲其累也〔註49〕

他認爲死生和性情是相因而成的，而使萬物浮沉於生死的輪迴，正是因爲有情的繫累。究極而言，實因「情」而有宇宙之生成、生死之流轉。契嵩又認「情也者，發於性皆情也」〔註50〕，契嵩以「情」發於「性」，就情與性的關係而言，兩者是「情出乎性，性隱乎情」〔註51〕。他對「性」的定義是：

> 夫性也，爲眞、爲如、爲至、爲無邪、爲清、爲靜。進之則爲聞、
> 爲正人；遠之，則爲聖神、爲大聖人，故聖人以性爲教教人而不以
> 情。〔註52〕

契嵩肯定「性」，「性」不但是眞實的諸法實相，他又說明「性」是「出乎生，入乎死，而非生非死」〔註53〕。楊曾文認爲：契嵩所謂的「性」，既是指眞如佛性、自性，也有意混同於儒家所說人的本性。〔註54〕在「情」的定義是：

> 夫情也，爲僞、爲識。得之，則爲愛、爲惠、爲親親、爲疏疏、爲
> 或善、爲或惡；失之，則爲欺、爲狡、爲惡、爲不遜、爲貪、爲溺
> 嗜欲、爲喪心、爲滅性。〔註55〕

情可以分呈善惡兩方面，情是人的作爲，因爲有情，所以才有生死輪迴的現象。契嵩云：

> 情也者，有之初也。有有則有愛，有愛則有嗜欲，有嗜欲，則男女
> 萬物生死焉。〔註56〕

佛家十二因緣〔註57〕之「有」，乃緣於「取」，而契嵩視「情」爲「有」之初始，亦即事物始生之際，因有「有」而「愛」，由「愛」而「欲」，由「欲」

---

〔註49〕宋・陳舜俞，《鐔津文集》卷第一，頁355。
〔註50〕宋・陳舜俞，《鐔津文集》卷第一，頁355。
〔註51〕宋・陳舜俞，《鐔津文集》卷第二，頁363。
〔註52〕宋・陳舜俞，《鐔津文集》卷第二，頁363。
〔註53〕宋・陳舜俞，《鐔津文集》卷第二，頁363。
〔註54〕楊曾文，《宋元禪宗史》，頁198。
〔註55〕宋・陳舜俞，《鐔津文集》卷第二，頁363。
〔註56〕宋・陳舜俞，《鐔津文集》卷第二，頁363。　。
〔註57〕十二因緣是「緣覺乘」也就是「辟支佛乘」的修行方法。第一個就是「無明」，
　　　　無明緣生「行」，行緣生「識」，識緣生「名色」，名色緣生「六入」，六入緣
　　　　生「觸」，觸緣生「受」，受緣生「愛」，愛緣生「取」，取緣生「有」，有緣生
　　　　「生」，生了以後就有「老、病、死」。無明→行→識→名色→六入→觸→受
　　　　→愛→取→有→生→老、病、死，總共有十二支，這就是十二因緣。

而有男女之結合，乃至天地萬物之生成，莫不由於「情」。在這「情」上，契嵩則泛指一切情識。〔註58〕契嵩認爲聖人和凡人的「性」是一樣的，但在情上有善惡，故而聖人設教以「制情」。他認爲「儒佛者，聖人之教也，其所出雖不同，而同歸於治」，〔註59〕儒佛兩教的「制情」不同，但教人去惡從善的方向是一致的。

契嵩在〈原教〉中說，因人的情習不同，故聖人陳其法爲五乘，五乘是人乘、天乘、聲聞乘、緣覺乘、菩薩乘。他認爲後三乘者，「蓋導其徒超然出世者也，使其大潔情汙，直趣乎眞際」〔註60〕前兩乘因爲世情膠甚，欲望不能全部制止，只能就其情而制之。在人乘者制之以五戒，〔註61〕天乘者除五戒之外又增爲十善。〔註62〕在人天二乘上，契嵩融會儒佛，以五戒十善通於儒家的五常。他說：「夫不殺仁也、不盜義也、不邪淫禮也、不飲酒智也、不妄言信也。」〔註63〕這佛教的五戒十善，在人間社會有著積極的正面導向，〔註64〕他把佛教的戒律和儒家的倫常結合，以「制情」的角度來說明兩教並存的根據，以融通儒佛兩教。

所以，契嵩融通儒釋，在生死的禪法上，以儒家的「情」、「性」來融通佛家的五蘊和眞如，而以「制情」爲解決之道。在「制情」上，契嵩以五戒十善通同於儒家的五常，所以「制情」不但是儒家，也是佛家五乘之共同修目。人在「制情」的基礎上，各於其教中獲得成就，從儒家之教可以讓人成賢成聖，遠離惡趣，可以爲天人之報；在佛教聲聞乘、緣覺乘、菩薩乘三乘，則可以潔淨情汙、超越生死。

---

〔註58〕杜繼文、魏道儒，《中國禪宗通史》卷第八，頁416。

〔註59〕宋・陳舜俞，《鐔津文集》卷第八，頁406。

〔註60〕宋・陳舜俞，《鐔津文集》卷第一，頁355。

〔註61〕五戒是不殺生、不偷盜、不邪淫、不妄語、不飲酒。

〔註62〕十種善業，即不行十惡業。在一些佛學書籍中，用詞略有不同。《佛學常見辭彙》所列內容分別是：不殺生、不偷盜、不邪淫、不妄語、不兩舌、不惡口、不綺語、不貪、不嗔、不癡。

〔註63〕宋・陳舜俞，《鐔津文集》卷第三，頁371。

〔註64〕宋・陳舜俞，《鐔津文集》卷第一，頁356：「所謂五戒十善云者，里巷何嘗不相化而爲之，自鄉之邑，自邑之州，自州之國，朝廷之士，天子之宮掖，其修之至也。不殺必仁，不盜必廉，不淫必正，不妄必信，不醉不亂，不綺語必誠，不兩舌不讒，不惡口不辱，不恚不懟，不嫉不爭，不癡不昧，……豈有爲人弟者而不悌其兄，爲人子者而不孝其親，爲人室者而不敬其夫，爲人友者而不以善恤，致人臣者而不忠其君，爲人君者而不人其民，是天下之無有也。」

### （三）臨終偈

契嵩在佛日山數年後，仍退歸靈隱寺，神宗熙寧五年（1072）六月四日，晨起，寫偈曰：

> 後夜月初起，吾今獨自行。〔註65〕不學大梅老，貪聞〔註66〕鼯鼠聲。
>
> 〔註67〕

這首偈中，第一句寫他要辭世的時間，第二句的「吾今獨自行」，有著「迴脫根塵」的大用境界，三四兩句則為他對大梅禪師臨終開示的抨擊。

「大梅老」是大梅法常（752～839），他初參馬祖道一（709～788）時，問：「如何是佛？」馬祖說：「即心是佛。」大梅當下大悟。後來居於梅山，馬祖曾經使人通問，有「梅子熟也」之讚。〔註68〕《五燈會元》卷三記載他臨終前的開示：

> 忽一日謂其徒曰：「來莫可抑，往莫可追。」從容間聞鼯鼠聲，乃曰：
>
> 「即此物，非他物。汝等諸人，善自護持，吾今逝矣。」言訖示滅。
>
> 〔註69〕

對大梅臨終的開示，後代有不同的看法，〔註70〕從契嵩的臨終偈中可知，契嵩不肯大梅的臨終開示，他認為大梅對鼯鼠聲的「貪聞」是不可學的。「貪」者，是佛家所講的「三毒」之首，「貪聞」正是契嵩所說生死輪迴的根本──「情」的作用。契嵩認為生死禪法中，以「性」為本，這「性」就是真如佛性、自性。「情」是色陰的作用，所以要以「制情」為解決之道，因此，契嵩

---

〔註65〕　《五燈會元》卷第十五作「吾今惠獨行」。

〔註66〕　《五燈會元》卷第十五作「隨」。

〔註67〕　宋・惠洪，《禪林僧寶傳》卷第二十七，頁452。

〔註68〕　宋・普濟，《五燈會元》卷第三，頁146：大寂聞師住山，乃令僧問：「和尚見馬大師得箇甚麼，便住此山？」師曰：「大師向我道：即心是佛。我便向這裡住。」僧曰：「大師近日佛法又別。」師曰：「作麼生？」曰：「又道：非心非佛。」師曰：「這老漢惑亂人，未有了日。任他非心非佛，我祇管即心即佛。」其僧回舉似馬祖，祖曰：「梅子熟也！」

〔註69〕　宋・普濟，《五燈會元》卷第三，頁147。

〔註70〕　宋・普濟，《五燈會元》卷第三，永明延壽禪師讚美：「師初得道，即心是佛。最後示徒，物非他物。窮萬法源，徹千聖骨。真化不移，何妨出沒。」但在《宗門拈古彙集》卷十：「雪竇顯云這漢生來莽鹵，死後顢頇。即此物非他物，是何物？還有分付處也無？有般漢不解，截斷大梅腳跟，只管道『貪程太速』。寶峰文云：『既非他物，是什麼物？』興善廣云：『者漢臨死猶口裏水漉漉地，即此物非他物，瞞頇不少。咄。』」《大悲妙雲禪師語錄》中：「大梅老漢因齋慶讚則不無，直是未在，何也？不合向聲色裏著倒。」

否定的是大梅於臨終時屬於「情」的「貪聞」。

## 四、天衣義懷

### （一）天衣義懷生平

義懷〔註71〕（993～1064）的家族，世代以捕魚爲業。幼年時，隨著父親在漁船上，因不忍魚隻被捕，便常把魚私下放回江裡，就算受到父親的笞打，他也怡然承受。年歲稍長，他到京師遊訪，在景德寺爲「童行」。〔註72〕天聖年中，通過經試而剃度受戒。

義懷先後參謁荊州（今湖北江陵）金鑾寺的善禪師、汝州葉縣（今河南）廣教院的省禪師，都受到他們的認可。有一位言法華的禪師看到義懷，就拊著義懷的背說：「雲門臨濟去。」鼓勵義懷去參謁禪宗的大師。於是義懷東遊到蘇州，往謁翠峰寺雲門宗的重顯禪師。在重顯的門下，他於參問時曾四次遭到責打。有一天，他正在擔水，擔水的扁擔忽然折斷，義懷當下大悟，便作了一首〈投機偈〉，重顯禪師聽說此偈，拊几稱善，並予以認可。

據《禪林僧寶傳》卷十一記載，義懷後由鐵佛寺遷到越州的天衣山，前後七坐道場，義懷每到一處，必然創建禪寺的樓觀，宣化禪法於海內，弘揚雲門宗的宗旨。〔註73〕晚年時，他因爲疾病而居住在池陽的杉林庵，後來他的門弟子智才迎住於佛日寺。義懷卒於英宗治平元年（1064），年七十二歲。〔註74〕

義懷的生平和禪法見於《建中靖國續燈錄》卷五、《嘉泰普燈錄》卷二、《續古尊宿語要》卷二、《五燈會元》卷第十六、《禪林僧寶傳》卷第十一、《寶晉英光集》卷七。

### （二）生死禪法——自悟本心

義懷往謁重顯禪師，在重顯門下參學。一回，義懷入室參問，重顯說：「恁麼也不得，不恁麼也不得，恁麼不恁麼總不得。」當義懷準備回答時，卻又被重顯打了出來，這樣的情形經過四次。一日義懷擔水，扁擔忽然折斷，義懷於當下大悟，作〈投機偈〉：

〔註71〕俗姓陳，溫州樂清（今浙江）人。
〔註72〕吳汝鈞編著，《佛學大辭典》，頁432b：「禪寺入寺之年少未得度之童子名。」
〔註73〕宋・惠洪，《禪林僧寶傳》卷第十一，頁286。
〔註74〕以上除注明出處外，主要依據《五燈會元》卷第十六，頁1015～1018，並參考《嘉泰普燈錄》卷第二、《禪林僧寶傳》卷第十一、《寶晉英光集》卷七。

　　　一二三四五六七，萬仞峰頭獨足立。驪龍頷下奪明珠，一言勘破維

摩詰。〔註75〕

這首〈投機偈〉，是他的開悟偈，也就是他「自悟本心」的境界。「自悟本心」
要經過一番艱苦的參禪功夫，這參禪的進程，猶如要爬到獨脫孤絕的萬仞峰
頂處，才能從驪龍的頷下，奪回那顆本自擁有的明珠。禪家常把「明珠」比
喻為每個人都有的光明佛性，〔註76〕這圓明的佛性為人人具有的，但因為被
無始以來的無明遮障，所以必須經過一番參禪的工夫，才能找回本來的面目。
在參禪的方法上，則是第四句的「勘破維摩詰」。

　　楊曾文認為「勘破維摩詰」，就像《維摩詰經‧不二法門品》中，文殊菩
薩以「善哉，善哉！乃至無有文字語言，是真入不二法門」的妙語，點破維
摩詰菩薩以「默然無言」作答那樣。〔註77〕這表示義懷的「自悟本心」，在於
迴超言意，即是「截斷眾流」之下發悟的。所以，義懷日後教導學人時，反
對學者在名相文字上去作求解。他說：「無邊剎境，自他不隔於毫端，且道妙
喜世界，不動如來，說什麼法？」〔註78〕因為十世古今，始終不離於當念，
學人於自心上下功夫，便可自悟本心，自悟自度。他說：「行路難，行路難，
萬仞峰頭君自看。」〔註79〕這自悟本心的進程，必須自己去契證，只有自悟
本心，方可證知自己的心與諸佛無異。他曾在上堂時說：

　　　宗師提談祖道，有自受用三昧、他受用三昧。若論自受用三昧，三世
　　　諸佛立於下風，文殊提鞋、普賢拏杖，未為分外。放一線道，說他受
　　　用三昧，一塵一佛土，一葉一釋迦。重重樓閣，無盡善財，眼底是眼
　　　底彌勒，立底是立底釋迦，所以病有千差，藥興萬種。〔註80〕

楊曾文認為所謂「自受用身」是指佛的法身，這裡是指法性、佛性，認為每
人皆生來具有佛性、法身，與佛在本質上沒有差別，所以從一個角度來說，
三世佛與你同列，菩薩應為你服侍。〔註81〕因此，只有自悟本心，便可證知

---

〔註75〕宋‧正受，《嘉泰普燈錄》卷第二，頁72。
〔註76〕清‧超永編集，《五燈全書》收入《中國燈錄全書》12（北京：中國藏學出版
　　　　社，1993年），頁254：茶陵郁禪師悟道時說偈：「我有神珠一顆，久被塵勞
　　　　羈鎖。今朝塵盡光生，照見山河萬朵。」
〔註77〕楊曾文，《宋元禪宗史》，頁107。
〔註78〕宋‧師明集，《續古尊宿語要》，頁8044。
〔註79〕《五燈會元》頁1017作「君自看」；《續古尊宿語要》頁8044作「著眼看」。
〔註80〕宋‧惟白，《建中靖國續燈錄》卷二，頁212。
〔註81〕楊曾文，《宋元禪宗史》，頁108。

眾生即佛的道理。

### （三）臨終偈

義懷晚年因疾病居於池陽杉林庵，他的門弟子智才迎住於佛日寺。仁宗嘉祐九年（1064），一次智才往蘇城，義懷催促他快點回來。等智才回到寺中，義懷告訴智才：「時至，吾行矣。」智才問：「師有何語示徒？」於是義懷說了一偈。智才又問：「卵塔已成，如何是畢竟事？」義懷舉起拳頭以示意，然後於就寢時推枕而逝。〔註82〕義懷臨終所寫的〈偈〉是：

> 紅日〔註83〕照扶桑，寒雲〔註84〕封〔註85〕華嶽。三更過鐵圍，拗折
>
> 驪龍〔註86〕角。

這首偈的前二句，一筆開展天地萬里宏圖，紅日照見東方的扶桑，西嶽華山爲寒雲所封繞，氣勢雄偉高闊，有法身涵蓋乾坤之義，於此顯現了自性法身的廣大遍在，可視爲是法身縱深廣大的空間性表達。雖然一切萬象森羅，但法身如鏡，頭頭物物總在這裡。

第三四句的「三更過鐵圍，拗折驪龍角」，所言者或爲開悟之道。在語義上說，「三更過鐵圍」是「自悟本心」的過程。「三更過鐵圍」在語義上解釋，是「當下」之意，在《宗鑑法林》卷 19 說：「三更過鐵圍，日輪正當午。」其中把「三更」、「日輪」並舉，雖然是兩種不同的時間，但打破了時間的觀念，其實這都不出自己當下的一念。

第四句的「拗折驪龍角」，出自《碧巖錄》卷二第十四則之〈頌〉：「對一說，太孤絕，無孔鐵鎚重下楔。閻浮樹下笑呵呵，昨夜驪龍拗角折。別別，韶陽老人得一橛！」〔註87〕其〈本則〉舉僧問雲門，如何是「一代時教？」〔註88〕雲門云「對一說。」〔註89〕雪竇認爲「對一說」的說法，正似「拗折

---

〔註82〕 以上除注明出處外，主要依據《嘉泰普燈錄》卷第二，頁 71～75，並參考《五燈會元》卷第十六。

〔註83〕 《佛海慧遠禪師廣錄》卷一作「日出」。

〔註84〕 《寶晉英光集》作「白雲」、《佛海慧遠禪師廣錄》卷一作「浮雲」。

〔註85〕 《嘉泰普燈錄》、《佛海慧遠禪師廣錄》卷一作「遮」。

〔註86〕 《嘉泰普燈錄》作「蒼龍」。

〔註87〕 宋・佛果圜悟禪師，《碧巖錄》卷第二《佛光大藏經》（高雄：佛光出版社，1994 年 12 月），頁 83。

〔註88〕 宋・佛果圜悟禪師，《碧巖錄》卷第二，頁 82：第十四則評唱：釋迦老子四十九年 住世，三百六時會開談頓漸權實，謂之「一代時教」。

〔註89〕 佛果圜悟禪師，《碧巖錄》卷第二，頁 83：第十四則評唱：雲門何不與他紛紛

驪龍角」相似，這兩句話的意思，都是指佛陀四十九年所宣說的佛法，非關文字言語，都是超出言詮，直指心性。所以這首偈的三四句，是指出「自悟本心」的過程是奮迅直接、不假言詮、當下即是的。

　　這首臨終偈先寫法身體相，再寫參透法身的禪法。從現象界來看，東西互存，日夜交涉，渾含了空間與時間。從哲理上說，他所呈現的本體境界，直探雲門涵蓋乾坤之旨要；開悟之道爲超情越識、不假言詮，亦即「截斷眾流」之義。

　　守訥所記《唯心淨土文》有記「天衣懷禪師一生回向淨土」〔註 90〕，明代道衍《諸上善人詠》中，對天衣義懷禪師有「淨土兼修不礙禪」〔註 91〕之句，忽滑谷快天認爲「天衣爲淨禪兼修之作俑者」〔註 92〕。但從義懷臨終之記載，並無念佛求生淨土之說。觀其臨終偈，指示雲門心法大要，舉拳以示妙機，表現出禪師了脫生死之高風。

# 五、法昌倚遇

## （一）法昌倚遇生平

　　倚遇〔註 93〕（1003～1079）幼年出家，在崇福寺剃度。倚遇自從受具足戒後便開始遊歷諸方，在叢林中名聲顯著。浮山遠和尚曾經指著倚遇，對人讚道：「此後學行腳樣子也。」倚遇告辭遠和尚後，又參謁芭蕉庵主，及圓通、興化一帶有名的禪師，而留在潭州北禪寺的智賢禪師處最久，於是「師資敲唱，妙出一時」。倚遇返回江南後，再遊歷廬山、西山，在雙嶺棲止三年，與

---

解說，卻向他道個「對一說」。雲門尋常一句中須具三句，謂之函蓋乾坤句，隨波逐浪句，截斷眾流句，放去收來，自然奇特，如斬釘截鐵，教人義解卜度他底不得。一大藏教只消三個字，四方八面無爾穿鑿處，人多錯會，卻道：「對一時機宜之事故說。」又道：「森羅及萬象，皆是一法之所印，謂之對一說。」更有道：「只是說那個一法。」有什麼交涉，非唯不會，更入地獄如箭。殊不知！古人意不如此，所以道「粉骨碎身未足酬，一句了然超百億」，不妨奇特。如何是一代時教？只消道個「對一說」。若當頭薦得，便可歸家穩坐；若薦不得，且伏聽處分。

〔註 90〕宋・宗曉，《樂邦文類》卷四《唯心淨土文》。大正新脩大藏經，第四十七冊，No.1969A《樂邦文類》。

〔註 91〕明・道衍，《諸上善人詠》卷一。卍新纂續藏經，第七十八冊，No.1547《諸上善人詠》。

〔註 92〕忽滑谷快天，《禪學思想史》，頁 449。

〔註 93〕臨漳高亭人，俗姓林。

英邵武、勝上座交往，〔註94〕後來應法昌寺的延請而前往。

　　據《禪林僧寶傳》卷二十八記載，法昌寺位於分寧的北方，千峰萬壑中，僅有幾間古屋，倚遇也安樂於這種火種刀耕的生活。其間或有僧人行腳到法昌寺來，卻都因不堪寺風的枯淡而離開，以至於寺中常常只剩下倚遇獨自居住。逢到開爐日，他一個人打鼓，上堂爲十八尊泥塑的羅漢說法。〔註95〕倚遇在法昌寺，有大寬寧禪師、黃龍南禪師，晦心堂等禪師到過寺中，當時慧南禪師道被天下，爲叢林所推崇，而倚遇和慧南酬唱如交友，一時許多參禪的豪俊，也紛紛歸於倚遇門下。〔註96〕倚遇卒於神宗元豐二年（1079），年七十七歲。〔註97〕

　　倚遇生平及禪法見於《法昌倚遇禪師語錄》、《禪林僧寶傳》卷第二十八、《嘉泰普燈錄》卷第二、《五灯會元》卷第十六、《續古尊宿語要》等。

## （二）生死禪法——無常迅速、一念回心

### 1. 無常迅速

　　四季不斷的循環，百歲光陰猶如彈指一般，倚遇常以自然的景物，宣說無常迅速的道理，例如：

> 昨日看庭花，今朝翫芳草。芳草與庭花，各自爭妍好。花先芳草衰，
> 草亦隨花槁。如何浮世人，不悟生難保。〔註98〕

庭花芳草爭妍於一時，旋而隨之先後枯槁。世間上的人，竟然不悟生命終難保全的道理，所以他又說「何須待零落，然後始知空」。〔註99〕又如〈誡安徒〉：

> 堪嘆紅爐一點雪，萬物皆如世不堅。莫愛好花多艷曳，應無百日對
> 君鮮。〔註100〕

那飄在紅爐上的一點雪，就像世上萬物一樣的不堅固。美好的花朵也紅不過百日，對這樣無常的迅速，怎能不警惕。所以，他在上堂時，勉勵學者要警

---

〔註94〕宋・惠洪，《禪林僧寶傳》卷第二十八，頁466。

〔註95〕宋・惠洪，《禪林僧寶傳》卷第二十八，頁468。

〔註96〕宋・惠洪，《禪林僧寶傳》卷第二十八，頁468～470。

〔註97〕以上除注明出處外，主要依據《嘉泰普燈錄》卷第二，頁78～85，並參考《五灯會元》卷十六、《禪林僧寶傳》卷第二十八。

〔註98〕宋・宗密錄，《法昌倚遇禪師語錄》收入《禪宗集成》23（台北：藝文印書館，1968年版），頁15626。

〔註99〕宋・宗密錄，《法昌倚遇禪師語錄》，頁15626。

〔註100〕宋・宗密錄，《法昌倚遇禪師語錄》，頁15648。

覺無常迅速，他說：

> 百年光景片時間，舉世應無長命藥。逐利貪名數似麻，排頭盡葬青
> 山腳。菩提道路不曾脩，畢竟將何爲倚托？〔註101〕

百年光陰倏忽而過，人命終有盡時，貪逐名利轉眼成空，若不修菩提解脫之
道，生命怎能有所倚托？而且，無常是如此迅速，人在輪迴之中，他說：「無
常老病，不與人期，一失人身，萬劫不復。」〔註102〕這是生死大事，豈能等
閒視之？在結夏日晚小參時，他說：

> 光陰易得，時不待人。一失人身，卒未有出頭處在。……一朝風火
> 解散，眼光落地，善惡業緣，受報好醜，生死境界，一時現前。那
> 時便落湯螃蟹，手忙腳亂，從前活計，神通佛法，總使不著。業識
> 忙忙（茫茫），無可依怙，追悔不及。〔註103〕

時光匆促，一失人身則難有出期，他警惕弟子光陰易得，時不待人，不要到
臨命終時，等生死境界一時現前才手忙腳亂，才追悔以前所學的神通佛法，
是不究竟、不可靠的。

### 2. 一念回心

　　因爲無常迅速，所以爲了不白白過這一生，就要努力的了卻這生死的大
事。倚遇認爲「但知一念回心，定免三乘覊鎖」〔註104〕。一次，有僧問：「古
鏡未磨時如何？」倚遇說：「卻須磨取。」並說：

> 祖師西來，特唱此事，只要時人知有，如貧子衣珠，不從人得。三
> 世諸佛，只是弄珠底人，十地菩薩是求珠底人，汝等正是伶俜乞丐，
> 懷寶迷邦底人。〔註105〕

祖師來到東土，就是宣說這人人本具的自心本性。三世諸佛已達本心，是弄
珠的人，十地菩薩是求其自性本心清淨的人，而不明自性本心的人，就像懷
著珠寶迷路的乞丐。要了脫生死大事，就是要回心問究自己，倚遇很重視「回
光」的功夫，他說：「便請回光，歇卻心識，一念相應，玄關可擊。」〔註106〕
倚遇就是要學者能夠迴光返照，照見自己自心本性。對生死大事的了脫上，

---

〔註101〕宋・宗密錄，《法昌倚遇禪師語錄》，頁 15631。
〔註102〕宋・宗密錄，《法昌倚遇禪師語錄》，頁 15631。
〔註103〕宋・師明集，《續古尊宿語要》，頁 8038。
〔註104〕宋・宗密錄，《法昌倚遇禪師語錄》，頁 15635。
〔註105〕宋・宗密錄，《法昌倚遇禪師語錄》，頁 15622。
〔註106〕宋・宗密錄，《法昌倚遇禪師語錄》，頁 15625。

他說：

> 大事未成，如喪考妣。二六時中，放卻閒緣，歇卻心識，但自回心
> 問己。想料不由別人，警策身根，莫教污染，直令凡聖情盡，人法
> 俱空，自然體露真常。〔註107〕

想要能了脫生死大事，就要在生活中放開不緊要的閒事，停歇心識的妄想分別，找回自己清淨的自心本性，莫使這清淨的自心本性受到汙染，如此凡聖情盡，人法俱空，自然可以照見自己的本來面目。

### （三）臨終偈

倚遇與徐龍圖〔註108〕（1035～1082）交往，有〈寄徐龍圖〉〈答徐龍圖〉〈又答徐龍圖〉等詩。神宗元豐二年（1079），他在去世的前一日，作偈給徐德占：

> 今年七十七，出行須擇日。昨夜問龜哥，報道明朝吉。〔註109〕

徐德占接到偈子後大驚，便召呼靈源清禪師一起趕往法昌寺。當他們趕到時，倚遇正坐在寢室裡，把院務一一交付給監寺，說：「吾自住此山，今三十年，以護惜常住故，每自蒞之。今行矣，汝輩著精彩。」說完，他舉起手中的杖子問：「且道這個付與阿誰？」德占和靈叟在一旁，屏著氣息沒有回答。倚遇將杖子擲在地上，轉身回到了床上，曲手為枕而逝。〔註110〕

這首臨終偈，和省念去世一年前所寫的偈一樣，很明顯的有「預知時至」的性質。在生死禪法上，倚遇常以自然的景物，提點無常迅速的道理，並要學人回心返照自己的本性，以脫輪迴之枷鎖。這首偈中，雖然沒有生死哲理的敘述，而只以出行擇日、明朝為吉，來預示他將離世的時間，但他視死亡如出行，正顯示著他在生死上的大自在。

## 六、法雲法秀

### （一）法雲法秀生平

法秀〔註111〕（1027～1090）十九歲時通過考試為大僧，聲名揚於京洛一

---

〔註107〕宋‧宗密錄，《法昌倚遇禪師語錄》，頁15631。
〔註108〕徐禧，字德佔，洪州汾寧人，北宋大臣。《宋史‧列傳第九十三》有傳。
〔註109〕宋‧宗密錄，《法昌倚遇禪師語錄》，頁15649。
〔註110〕依據宋‧正受，《嘉泰普燈錄》卷第二，頁85。
〔註111〕俗姓辛，秦州隴城（今甘肅天水）人。

帶。他重視精研教觀，講述經義，卻深疑禪宗。他不信世尊有教外別傳之法，於是他便罷講南遊，他對同學說：「吾將窮其窟穴，搜取其種類抹殺之，以報佛恩乃已耳。」他到隨州的護國寺（今湖北隨州市）參訪，又到無爲（今安徽）鐵佛寺參謁義懷禪師。義懷當時「貌寒危坐，涕垂沾衣」，問法秀講何經，法秀告之《華嚴》，義懷問：「華嚴以何爲宗？」法秀答：「以心爲宗。」義懷又問：「心以何爲宗？」法秀不能答。義懷說：「毫釐有差，天地懸隔。」此後法秀拜義懷爲師，後有悟，並得到義懷的認可。〔註112〕

　　法秀追隨義懷十年，離開義懷之後遊歷江淮，曾住淮西的四面山、後住栖賢寺，蔣山、長蘆崇福寺。元豐七年（1084），冀國大長公主與駙馬都尉張敦禮上奏神宗，召請法秀任法雲寺住持，爲開山第一祖。開堂之日，神宗派遣中使降香並磨衲，表達他親至之禮，雲門宗風自是大興於西北。法秀卒於哲宗五年（1090），年六十四歲。〔註113〕

　　法秀生平及禪法見於《禪林僧寶傳》卷第二十六、《五燈會元》卷第十六、《釋氏稽古略》、《補續高僧傳》卷八。

### （二）生死禪法——慎念因果

　　法秀一向剛直，面目嚴冷，常以罵人爲佛事，所以人們稱他爲「秀鐵面」。法秀在京城與士大夫多有交往，法雲寺就成爲士大夫們日夕問道的道場。他以佛教的因果教人，如宰相司馬光不喜釋老，〔註114〕尊崇儒學，法秀就對司馬光說：「相公聰明，人類英傑，非因佛法不能爾。遽忘願力乎？」〔註115〕在他和士大夫交往中，流傳有李伯時畫馬、黃庭堅作豔語兩則故事，這兩則故事，也是法秀在生死禪法上對士大夫的開示。

　　李公麟（104～1106）〔註116〕畫馬之事，記載於《禪林僧寶傳》卷二十六、

〔註112〕宋·普濟，《五燈會元》卷第十六，頁 1038：後聞僧舉：「白兆參報慈：『情未生時如何？』慈曰：『隔。』師忽大悟，直詣方丈，陳其所證。懷曰：『汝眞法器。吾宗異日在汝行矣。』」

〔註113〕以上除注明出處外，主要依據《禪林僧寶傳》卷第二十六，頁 445～448，並參考《五燈會元》卷第十六〈法雲法秀禪師〉。

〔註114〕元·脫脫，《宋史》（臺北：鼎文書局，新校本，北京：中華書局，1997），頁 10769。

〔註115〕宋·惠洪，《禪林僧寶傳》卷第二十六，頁 447。

〔註116〕北宋畫家，字伯時，進士出身。李公麟畫作時人評價甚高，宋徽宗曾讚他爲當朝最重要畫家。時工畫馬，不減韓幹。後從事佛道宗教畫和人物故事畫，注重寫生，畫技博取前人之長，承繼顧愷之、吳道子等人筆法，在新畫中表

《冷齋夜話》卷八。李公麟善於畫馬，蘇軾贊美他的筆風不減韓幹。〔註117〕
法秀卻呵責他：「公業已習此，則日夕以思其情狀，求爲神駿，繫念不忘，一
日眼光落地，必入馬胎無疑。」李公麟於是絕筆不再畫馬，並聽從法秀的勸
告，開始畫觀音聖像以彌補他以前的過錯，並從事佛道宗教畫和人物故事畫。
〔註118〕

　　黃庭堅〔註119〕（1045～1105）好作豔詞，法秀與黃庭堅有交往，據《禪
林僧寶傳》卷二十六載：

　　　黃庭堅魯直作豔語，人爭傳之，秀呵曰：「翰墨之妙，甘施於此乎？」
　　　魯直笑曰：「又當置我於馬腹中耶？」秀曰：「汝以豔語動天下人婬
　　　心，不只馬腹，正恐生泥犁中耳」〔註120〕

「泥犁」爲梵語，又作泥梨、泥囉耶，是地獄之意。其義爲無有，謂喜樂之
類一切皆無，爲十界中最劣下的境界。法秀認爲黃庭堅以豔語鼓動人的淫心，
會遭到地獄之報。這件事也見於《捫虱新話》：「黃魯直初好作豔歌小詞，道
人法秀謂其以筆墨誨淫，於我法中，當墜泥犁之獄，魯直自是不作。」〔註121〕
《冷齋夜話》卷十中有更詳細的記載：

　　　法雲秀關西，鐵面嚴冷，能以理折人。魯直名重天下，詩詞一出，
　　　人爭傳之。師嘗謂魯直曰：「詩多作無害，豔歌小詞可罷之。」魯直
　　　笑曰：「空中語耳，非殺非偷，終不至坐此墮惡道。」師曰：「若以
　　　邪言蕩人淫心，使彼逾禮越禁，爲罪惡之由，吾恐非止墮惡道而已。」
　　　魯直領之，自是不復作詞曲耳。〔註122〕

「豔歌小詞」爲禪家難免，中土僧人創作豔詩，在六朝時已經開始，〔註123〕
宋代僧人創作豔詩也多有出現。〔註124〕宋代禪師多以「豔歌小詞」或開啓學

　　　達新義。存世作品有《五馬圖》、《臨韋偃牧放圖》等。
〔註117〕韓幹（約706～783），中國唐代畫家，以畫馬著稱。
〔註118〕根據《冷齋夜話》卷八〈李伯時畫馬〉，並參考《禪林僧寶傳》卷二十六。
〔註119〕字魯直，號山谷道人，晚號涪翁，洪州分寧（今江西九江修水縣）人。北宋
　　　知名詩人，乃江西詩派祖師。書法亦能樹格，爲宋四家之一。
〔註120〕宋・惠洪，《禪林僧寶傳》卷第二十六，頁448。
〔註121〕宋・陳善，《捫虱新話》（北京：中華書局，1985年），頁26。
〔註122〕宋・洪覺範，《冷齋夜話》卷十（北京・中華書局，1988年），頁76～77。
〔註123〕郭紹虞編選，富壽蓀校點，《清詩話續編》（上海：上海古籍出版社，1983），
　　　頁34。
〔註124〕惠洪爲最有名的代表，其作如〈上元宿百丈〉〈千秋歲〉。

人，或自寫其悟境，〔註125〕故清人賀貽孫《詩筏》中言：「詩中情豔語，皆可參禪。」〔註126〕但法秀認爲若以邪言鼓蕩人心，使人逾越禮禁，則其果報非止墮於惡道而已。所以，法雲重視人的起心動念，心念務求端正謹愼，以免墮入惡道。

禪宗以「明心」爲旨，「明心」就是見到自己的本來面目，證知這本來的面目是本無生死的，禪宗以這種體證，使生死大事一時解脫，得大自由。在禪宗的生死禪法中，禪師多教學者以參禪解脫之道，在這樣的前提下，並不是否定因果，因果爲佛教的基本教義。法秀與士大夫交往，以因果隨機教化，這在禪師的生死禪法中，是一個特殊的例子。

### （三）臨終偈

哲宗元祐五年（1090）法秀生病，哲宗下詔御醫給予治療。御醫請求爲法秀候脈，法秀仰起頭來說：「汝何爲者也？吾有疾，當死耳，求治之，是以生爲可戀也。平生『生、死、夢』三者無所揀。」揮手要御醫退去，又對大眾說：「老僧六處住持，有煩知事首座。大眾今來，四大不堅，火風將散，各宜以道自安，無違吾囑。」便說：

> 來時無物去時空，南北東西事一同。六處住持無所補，……〔註127〕

法秀說偈三句後，停了許久沒言語，監寺惠當忍不住，問：「和尚何不道末後句？」法秀補上：「珍重！珍重！」說完而逝。〔註128〕

法秀的「來時無物去時空」，他以「無物」和「空」說明「法身」的實相。來去只是色身的來去，而來去所據的「法身」，是「本來無一物」的，是「空性」的。「南北東西」泛指萬事萬物，「事一同」者，指這萬般事物都是「法身」之所變現，也是「何其自性能生萬法」的作用。例如法秀以佛教因果教人，李伯時畫馬心神繫於馬，故懼其命終淪入馬腹，黃庭堅作豔語而蕩人淫心，戒其恐入惡道。因爲一切萬法都不離自性，這就是在「無物」、

〔註125〕法演一門，以豔詩開悟後學者，至爲尋常《續傳燈錄》二十五記克勤開悟呈偈：「金鴨香銷錦繡幃，笙歌叢裏醉扶歸。少年一段風流事，祇許佳人獨自知。」《五燈會元》卷十九〈昭覺克勤禪師〉記載法演以「頻呼小玉元無事，祇要檀郎認得聲」兩句詩開示提刑官。

〔註126〕清・賀貽孫撰，《詩筏》，收入郭紹虞編選，富壽蓀校點，《清詩話續編》（上海：上海古籍出版社，1983），頁 192。

〔註127〕宋・普濟，《五燈會元》卷第十六，頁 1039。

〔註128〕依據宋・普濟，《五燈會元》卷第十六，頁 1039。

「性空」的本體上，所呈現「能生萬法」的作用。法秀以三句偈後補上兩句「珍重」以辭眾，這樣的形式，在宋代禪宗的臨終偈中，是唯一僅見的例子。

# 小　結

　　宋代雲門宗的生死禪法和臨終偈中，基本上，可以看出「法身」和「色身」的二分，以及對「法身」體性的描述。

　　在「法身」上，呈現出「空劫自己」、「性」、「心」等不同的說法。雲門宗的「涵蓋乾坤」，表示宇宙萬有都是「法身」的顯現，日月星辰、天地萬物，甚至天堂地獄，都是法身的顯現。所以，承古的「天地本同根，鳥飛空有跡」，描述「兩種自己」，前者是天地同根的「空劫自己」，也就是「法身」；而後者則是隨緣應現的「日用的自己」，也就是「色身」。曉聰的〈法身頌〉則以「法身」及「色身」陳說，曉聰以「問透法身北斗藏」說明法身涵蓋乾坤的體性，以「老倒」說明色身的敗壞。契嵩的生死哲理中，則以「情」、「性」之分，表明意識（色身）心和真如（法身）的不同，他以「貪聞」為心的「情」用，而他所肯定的「性」是指真如佛性。以這三人所用的名詞雖然不同，但都是對「法身」、「色身」的詮釋，並寓有「色身不在，法身常存」的含義。

　　在「法身」體性的描述上，除了「法身常存」之外，義懷的「紅日照扶桑，寒雪封華嶽」，表現出法身的涵蓋乾坤；法秀的「來時無物去時空，南北東西事一同」，說明「法身」的空性。因此，從雲門宗臨終偈中，可以看出，「法身」是雲門宗臨終偈的核心思想。

# 第七章　宋代臨濟宗黃龍派之臨終偈

　　黃龍派爲臨濟宗之支派，中國禪宗「五家七宗」之一，又稱爲黃龍宗。本章論文首先論述宋代臨濟宗黃龍派之成立及發展，在黃龍派臨終偈的研究上，以黃龍慧南、眞淨克文、死心悟新、兜率從悅、張商英五人爲代表人物。

## 第一節　宋代臨濟宗黃龍派之成立及發展

　　黃龍派創始人爲慧南禪師，慧南初學雲門宗，後從臨濟宗。因其傳法於江西隆興黃龍山，盛弘教化，故而稱其爲黃龍派。

　　慧南爲臨濟宗第七世石霜楚圓之門下，石霜接引教化手段一向峻嚴潑辣，而慧南得其骨髓，亦有嚴厲之風，人稱其宗風如龍。慧南在黃龍山傳法，慧南常設生緣、佛手、驢腳三關以勘辨學者。嗣法弟子達 83 人之多，其中以晦堂祖心、東林常總、寶峰克文最爲有名。

　　繼承慧南法席的是黃龍祖心（1025～1100），他深得慧南器重，不但許其入室，還讓他分座訓徒。慧南去世後，祖心繼任黃龍住持，門下法嗣有黃龍悟新、黃龍惟清、泐潭善清等人。東林常總（1025～1091）盡得慧南奧旨，在江州（今江西九江）東林寺開法，天下學者靡然從風，其徒眾多達七百餘人，得法弟子有泐潭應乾、開先行瑛等 61 人。慧南的弟子中，以寶峰克文（1025～1102）的門下最爲昌隆。克文住洞山十二年，門下人才濟濟，有法嗣 38 人，以兜率從悅（1044～1091）、泐潭文準（1061～1115）、和清涼慧洪（1071～1128）最爲著名。

黃龍派形成之後，在北宋盛極一時，但黃龍派的法脈，只有祖心一系傳至南宋。在宋淳熙十三年（1186），日本僧人明庵榮西來華，受學於此派，歸國後開日本臨濟宗建仁寺一派，成為日本禪宗二十四流中的黃龍派。除了祖心一脈之外，其他都僅傳一二世而已。兩宋之際，黃龍派趨於衰落，楊岐派逐漸興盛，最後，黃龍派終為楊岐派所取代。

# 第二節　宋代臨濟宗黃龍派臨終偈的代表人物

臨終偈的書寫情況至黃龍派而大盛，在南嶽下十一世有慧南，南嶽下十二世有克文、慧元、慶閒，南嶽下十三世有悟新、梵卿、從悅、系南、慧日庵主、淨曇，南嶽下十四世有妙普、守卓、法一、道震、咸靜、普交、張商英、宗印，南嶽下十五世有祖珍、智策，南嶽下十六世有宗回，共計 21 人（見附錄十一）。

在黃龍派臨終偈的書寫上，有以幽默風趣之筆辭世的如淨曇的〈辭眾偈〉、慧日庵主的〈偈〉，敘辭世之緣故的如宗回的〈偈〉，寫生死哲理的如祖珍的〈臨終偈〉、智策的〈辭眾偈〉等，各有不同的風貌。本節以黃龍慧南、真淨克文、死心悟新、兜率從悅、張商英五人為代表人物。

## 一、黃龍慧南

### （一）慧南生平

慧南〔註1〕（1002～1069）又作惠南。慧南十一歲時離家，依懷玉定水院的智鑾為師，十九歲落髮並受具足戒，此後遠遊到廬山的歸宗寺，又依止於棲賢寺的諟禪師。三年後，他前往三角山，在懷澄禪師〔註2〕的門下學習雲門禪。懷澄非常器重慧南，懷澄移居泐潭時，慧南也跟隨著一起前往。在南昌的文悅禪師〔註3〕（997～1062）見到慧南後，感嘆他投師不當，〔註4〕勸他改

---

〔註1〕俗姓章，信州玉山（今江西上饒）人。《建中靖國續燈錄》卷第七：「玉」山，一作「懷玉」。
〔註2〕懷澄禪師屬雲門下三世，頗有時名，其後懷澄移居洪州靖安縣泐潭的寶峰寺，故也被稱為泐潭懷澄。
〔註3〕雲峰文悅禪師，俗姓徐，江西南昌人，嗣法於善昭的弟子大愚守芝。
〔註4〕據宋・惠洪，《禪林僧寶傳》卷第二十二，頁369：悅曰：「澄公雖雲門之後，然法道異耳。」公問所以異，悅曰：「雲門如九轉丹砂，點鐵作金。澄公藥汞

投到石霜楚圓的門下。慧南聽從了文悅的指點，便整裝前往參謁楚圓。但到了半途，他聽說楚圓不事事，慢侮叢林中的晚輩，後悔之餘，便暫時留在南嶽衡山的福嚴寺，掌理書記的職務。不久福嚴寺的住持去世，知州便請楚圓擔任福嚴寺的方丈。

　　楚圓來至寺中，慧南見楚圓心容俱肅，在論道上對當時叢林又多貶損，於是慧南便向楚圓問法：

> 慈明笑曰：「書記學雲門禪，必善其旨。如日放洞山三頓棒，〔註5〕洞山于時應打？不應打？」公曰：「應打。」慈明色莊而言：「聞三頓棒聲，便是喫棒，則汝自旦及暮，聞鵶鳴鵲噪、鐘魚鼓板之聲，亦應喫棒，喫棒何時當已哉？」公瞠而卻。〔註6〕

慧南當時無法回答，楚圓本疑不堪爲慧南的老師，如此勘驗後，便收慧南爲弟子，又讓慧南參趙州「臺山婆子被我勘破」〔註7〕之可勘處。慧南面熱汗下，不知該如何回答而退出。第二天又遭楚圓詬罵，慧南慚愧的說：「政（正）以未解求決耳，罵豈慈悲法施之式？」慈明笑著回答：「是罵耶？」慧南當下默悟其旨，於是獻偈曰：

> 傑出叢林是趙州，老婆勘破沒來由。而今四海清如鏡，行人莫與路爲讎。〔註8〕

楚圓以手指著「沒」字，慧南即改作「有」字，心中折服楚圓妙密的禪法。

　　此後，慧南又遊訪荊州、洪州泐潭，離開泐潭後，參訪建昌縣的雲居山寺，和同安崇勝禪院。此後住歸宗寺，在歸宗寺時，曾因大火焚寺而入獄。

---

　　銀，徒可玩，入鍛即流去。」公怒，以枕投之。

〔註5〕宋・惠洪，《禪林僧寶傳》卷八〈洞山守初傳〉，頁248～249：偈問：「近離何處？」對曰：「查渡。」又問：「夏在何處？」對曰：「湖南報慈。」又問：「幾時離？」對曰：「八月二十五。」偈曰：「放汝三頓棒。」初罔然，良久，又申問曰：「適來祇對，不見有過，乃蒙賜棒，實所不曉。」偈呵曰：「飯袋子，江西湖南，便是商略。」初默悟其旨。

〔註6〕宋・惠洪，《禪林僧寶傳》卷第二十二，頁397。

〔註7〕宋・道原，《景德傳燈錄》卷第十〈趙州觀音院從諗禪師〉，頁475：有僧遊五臺，問一婆子云：「臺山路向什麼處去？」婆子云：「驀直恁麼去。」僧便去。婆子云：「又恁麼去也。」其僧舉似師，師云：「待我去勘破遮婆子。」師至明日，便去問：「臺山路向什麼處去？」婆子云：「驀直恁麼去。」師便去。婆子云：「又恁麼去也。」師歸院，謂僧云：「我爲汝勘破遮婆子了也。」

〔註8〕宋・惠洪，《禪林僧寶傳》卷第二十二，頁398。

〔註9〕在高安縣黃檗山時，他結庵於溪上，名曰「積翠」，學者聞風而至。景祐三年（1036）常住分寧縣的黃龍山寺，舉揚宗風，學徒雲集，世稱「黃龍慧南」，形成了與楊岐派並存的「黃龍派」，使臨濟宗興旺於一時。惠洪以為慧南是「住黃龍法席之盛，追媲泐潭馬祖、百丈大智」，可以看出黃龍派在當時的盛況。慧南卒於神宗熙寧二年（1069），年六十八歲。〔註10〕

慧南生平及禪法見於《禪林僧寶傳》卷第二十二、《嘉泰普燈錄》卷第三、《建中靖國續燈錄》卷七、《五燈會元》卷第十七、《黃龍慧南禪師語錄》。

### （二）生死禪法──體悟自性、黃龍三關。

#### 1. 體悟自性

慧南為黃龍派的創始者，其禪學思想乃繼承南宗禪法，主張體悟自性。此一「自性」，即是「佛性」，這種人人皆有的自性，不是語言文字可以言說和傳授的。

在慧南時代，禪風已發生重大變化，禪宗以往「不立文字」、「直指人心」的傳統，在當時已經演變為「不離文字」的「文字禪」。慧南對當時「文字禪」曾作過批評，認為禪宗的不肖子孫在玩弄文字間失去了禪的真髓，如：「後代兒孫忘正覺，棄本逐末尚邪言。」〔註11〕「後來兒孫不肖，雖舉其令而不能行，但呈華麗言句而已。」〔註12〕他曾舉阿難之偈，又說：

> 後來子孫不肖，祖父田園，不耕不種，一時荒廢。向外馳求，縱有些少知解，盡是浮財不實，所以作客不如歸家，多虛不如少實。
> 〔註13〕

故而慧南重申臨濟宗之禪旨，主張要體悟自性。慧南初住同安崇勝禪院，聖節上堂為皇帝祝禱時說：

---

〔註9〕宋・惠洪，《禪林僧寶傳》卷第二十二，頁399：「住歸宗，火一夕而燼。坐抵獄，為吏者，百端求其隙。公怡然引咎，不以累人。唯不食而已，久而後釋。吏之橫逆，公沒齒未嘗言。」

〔註10〕以上除注明出處外，主要依據《禪林僧寶傳》卷二十二，頁395～400，並參考《五燈會元》卷第十七〈黃龍慧南禪師〉、《嘉泰普燈錄》卷第三、《建中靖國續燈錄》卷七。

〔註11〕宋・師明集，《黃龍慧南禪師語錄》收入《續古尊宿語錄》卷一《禪宗集成》14（台北：藝文印書館，1968年版），頁9355。

〔註12〕宋・師明集，《黃龍慧南禪師語錄》，頁9355。

〔註13〕宋・師明集，《黃龍慧南禪師語錄》，頁9363。

諸仁者，還識王子也未？若人識得，盡十方微塵剎土，皆屬上座，
更非他物，便坐涅槃城裡，端拱無爲，統三界以爲家，作四生之依
怙。〔註14〕

慧南爲皇帝祝禱中，以「王子」比喻諸人本有之自性，爲在因地的佛。若得
自識本性，則十方微塵剎土皆爲自性所現，而入於無生無滅的涅槃境界。慧
南多次宣說這自性有如寶藏，例如：「汝等諸人，各有自家寶藏。」〔註15〕「人
人盡握靈蛇之珠，個個自抱荊山之璞，不自回光返照，懷寶迷邦。」〔註16〕
一次上堂時說：「汝等諸人，各有自家寶藏，爲什麼不得其用？祇爲不回頭。」
〔註17〕慧南主張要契悟本具的佛性，要歸於自性。而此自性爲人所本具，非
從外求、也非在五蘊內求：

若以毗盧自性爲海，般若寂滅智爲禪，名爲內求。若向外求，則
走殺汝。若住於五蘊內求，則縛殺汝。是故禪者非內非外，非有
非無，非實非虛。不見道，內見外見，俱錯。佛道魔道，俱惡。
〔註18〕

慧南說明禪是非內非外，非有非無，非實非虛的。在歸宗寺的語錄中，論及
釋迦示滅時在娑羅雙樹間，咐囑摩訶迦葉的涅槃妙心，是「是法非有作思惟
之所能解，非神通修證之所能入，不可以有心知，不可以無心得。」〔註19〕
又說：「若論此事，非神通修證之能到，非多聞智慧之所談。三世諸佛，只言
自知，一大藏教詮註不及。」〔註20〕慧南強調這自性是「只言自知」的，他
的弟子克文認爲了悟自性是：「此個事，學不得、教不得、傳不得，須是悟得
也。」〔註21〕他的再傳門人悟新對弟子說：「我這裡亦無禪道與你，只要你自
家直下悟去。」〔註22〕這些都是最好的說明。

---

〔註14〕　宋・師明集，《黃龍慧南禪師語錄》，頁9347。
〔註15〕　宋・師明集，《黃龍慧南禪師語錄》，頁9346。
〔註16〕　宋・師明集，《黃龍慧南禪師語錄》，頁9363。
〔註17〕　宋・師明集，《黃龍慧南禪師語錄》，頁9354～9355。
〔註18〕　宋・師明集，《黃龍慧南禪師語錄》，頁9353。
〔註19〕　宋・師明集，《黃龍慧南禪師語錄》，頁9350。
〔註20〕　宋・師明集，《黃龍慧南禪師語錄》，頁9346。
〔註21〕　宋・師明集，《古尊宿語錄》卷第四十二，頁1813。
〔註22〕　宋・子和錄，仲介重編，《死心悟新禪師語錄》，收入《禪宗集成》14，頁
　　　　　9411。

## 2. 黃龍三關

他以著名的「黃龍三關」為其門庭施設，強調識心見性，自成佛道。《建中靖國續燈錄》卷七〈慧南章〉：

> 師室中常問僧出家所以，鄉關來歷。復扣曰：「人人盡有生緣〔註23〕處，那個是上座生緣處？」又復當機問答，正馳鋒辯，卻伸手云：「我手何似佛手？」又問諸方參請宗師所得，卻復垂腳云：「我腳何似驢腳？」三十餘年示此三問，往往學者多不湊機，叢林目為三關。〔註24〕

這類問題在禪宗史有熱烈的討論，杜繼文等認為這問題涵蓋有深厚的佛學理論內涵，與一般禪師的信口提問或隨根發機不同。〔註25〕洪修平認為慧南設此三關，強調禪境不可言說，只可自悟，要參學者識心見性，自成佛道。〔註26〕據《五燈會元》卷第十七，有慧南的自頌和總頌，自頌曰：

> 生緣有語人皆識，水母何曾離得蝦。〔註27〕但見日頭東畔上，誰能更喫趙州茶。我手佛手兼舉，禪人直下薦取。不動干戈道出，當處超佛越祖。我腳驢腳並行，步步踏著無生。直待雲收日卷，方知此道縱橫。〔註28〕

總頌曰：

> 生緣斷處伸驢腳，驢腳伸時佛手開。為報五湖參學者，三關一一透將來。〔註29〕

---

〔註23〕中文百科在線：所謂生緣是人的姓氏、籍貫等，大凡僧人游訪參學，到一寺院，首先必須通報生緣籍貫和參學來歷，慧南的第一問，即從此最平常的事情中發出。話分兩截，「人人盡有生緣」，意在將答問者的思維加以牽制，使其就擒，不能作主。同時，語中也含有無中生有，故意發問的玄機——既然人人盡有生緣，前已問過鄉關來歷，何必鄭重其事地發問？可以理解慧南從佛教的生死輪回思想角度提出。意思是說，人人都是根據自己的業因而轉生來的，那麼那個是上座的前世業因呢。

〔註24〕宋・惟白，《建中靖國續燈錄》卷七〈慧南章〉，頁307。

〔註25〕杜繼文、魏道儒著，《中國禪宗通史》，頁408。

〔註26〕洪修平，《中國禪學思想史》（台北：文津出版社，1994年4月），頁293。

〔註27〕《卍新纂續藏經》冊六十四《十牛圖頌》宋〈廓庵和尚十牛圖頌並序〉云：「今則公禪師依師遠師群機……慈遠是以探尋妙義，採捨玄微，如水母以尋餐，依海蝦為目……」有如水母覓食，還得依靠在海蝦身上。

〔註28〕宋・普濟，《五燈會元》卷第十七，頁1108。

〔註29〕宋・普濟，《五燈會元》卷第十七，頁1108。

慧南設「佛手、驢腳、生緣」三語以問學者，卻對學者的酬答未嘗予以可否，有人問慧南緣故，慧南說：「已過關者，掉臂徑去，安知有關吏？從吏問可否，此未透關者也。」〔註30〕忽滑谷快天認為慧南的這段話「實可云名言」。〔註31〕

　　有關黃龍三關的討論甚多，楊曾文認為：第一問是從佛教的生死輪迴思想提出、第二問是從佛與眾生相即不二的角度提出、第三問是從眾生平等的角度提出。〔註32〕杜繼文、魏道儒認為「生緣」指決定人生及其命運的諸因素；「我手」與「佛手」相比，涉及人身與諸佛的關係；「我腳」與「驢腳」相比，涉及人身與畜生的關係。〔註33〕洪修平認為此三關主要是從輪迴的角度強調凡聖無別、生佛不二。〔註34〕各家說解雖然不一，但都同樣指歸於眾生與佛性的關係。慧南立此三關，就是要學人當下薦取這本自具有的佛性。

## （三）臨終偈

神宗熙寧二年（1069）三月十六日，慧南上堂辭眾，說：

　　山僧才輕德薄，豈堪人師。蓋不昧本心，不欺諸聖。未免生死，今免生死。未出輪迴，今出輪迴。未得解脫，今得解脫。未得自在，今得自在。所以大覺世尊於然燈佛所，無一法可得，六祖夜半於黃梅又傳箇什麼？〔註35〕

　　在這段話中，他說他已經擺脫生死輪迴，已經獲得解脫自在，並說明釋迦牟尼佛從燃燈佛所，無一法可得，六祖惠能從五祖弘忍處亦無所傳，以未得為得，不傳為傳是傳佛心的妙法。慧南說了這段話後，又作了臨終頌，於第二日的中午時分端坐示寂。慧南臨終所作之〈頌〉為：

　　得不得，傳不傳，歸根得旨復何言。憶得首山〔註36〕曾漏泄，新婦

〔註30〕宋・惠洪撰，《禪林僧寶傳》卷第二十二〈慧南章〉，頁400。
〔註31〕日・忽滑谷快天著，郭敏俊譯，《禪學思想史》（台北：大千出版社，2003年），頁427。
〔註32〕楊曾文，《宋元禪宗史》頁323。
〔註33〕杜繼文，魏道儒著，《中國禪宗通史》，408頁。
〔註34〕洪修平，《中國禪學思想史》（台北：文津出版社，1994年4月），頁293。
〔註35〕宋・師明集，《黃龍慧南禪師語錄》，頁9360～9361。
〔註36〕首山即首山省念，師事風穴延沼禪師，並得其心要。得法後，在汝州（河南臨汝）首山開教，成為首山的開山祖師。之後，又住持汝州寶安山廣教院、城下寶應院等道場弘傳教法。

騎驢阿家牽。〔註37〕

慧南的臨終偈仍然強調自性不可言說、無可傳受的特性。「得不得，傳不傳」，說明自性是不可得的、不可傳的。他曾說：「諸佛出世，假設言詮，祖師西來，不掛唇吻。」〔註38〕「三世諸佛，只言自知，一大藏教詮註不及。」〔註39〕慧南強調諸佛和祖師，以及一大藏教所言，都只是假設言詮，而自性是「只言自知」的。當學人能回歸自性，識心達本時，又何須去尋文追義。對回歸自性上，慧南以首山的「新婦騎驢阿家牽」，說明即心即佛、佛我不二的道理。〔註40〕

慧南的禪法反對以文字說禪，重倡臨濟宗之禪旨，他曾說：「黃龍出世，時當末運。擊將頹之法鼓，整已墜之玄綱。」〔註41〕所以他在臨終偈中，仍以回歸自性爲教導，強調自性之自證自悟，無法以文字語言去尋求，重申「無禪可說、無法可傳」的禪旨。

## 二、眞淨克文

### （一）真淨克文生平

克文〔註42〕（1025～1102）幼年失去母親，雖然盡心侍奉後母，但仍然遭受後母的困辱，於是他聽從父老之勸，離家遊學四方。克文受學於復州（今湖北天門市）北塔寺歸秀法師的門下，二十五歲受試爲僧，學習經論，無不臻妙，逐漸有名於講席之上。

有一次，克文在龍門殿廊廡間經行，見到雕塑的比丘像，冥目如在定中，忽然幡然自失。他對同伴說：「我所負者，如吳道子畫人物，雖盡妙，然非活者。」於是克文焚其義疏，棄其所學，轉而南下遊歷學道。按《石門文字禪》卷三十的記載，他曾參謁雲居的舜老夫，因機語不契而去。至德山應禪師處，又以應禪師雌黃先達而去。他慕聞雲峰悅禪師的禪風，便兼程前往，但當克文到了湘鄉時，雲悅禪師又已化去。〔註43〕

---

〔註37〕宋・普濟，《五燈會元》卷第十七，頁1108。

〔註38〕宋・師明集，《黃龍慧南禪師語錄》，頁9354。

〔註39〕宋・師明集，《黃龍慧南禪師語錄》，頁9346。

〔註40〕見本論文〈首山省念章〉。

〔註41〕宋・師明集，《黃龍慧南禪師語錄》，頁9355。

〔註42〕陝府（陝州，今河南陝縣）閺鄉（今河南靈寶西北）人，俗姓鄭，爲南嶽下十三世，黃龍南禪師法嗣。

〔註43〕宋・洪覺範，《石門文字禪》卷三十〈雲庵眞淨和尚行狀〉（上海：上海商務

宋英宗治平二年（1065）在潭州（今湖南長沙）的大潙山，晚上聽見僧人誦讀雲門僧問文偃的話：「佛法如水中月，是否？」文偃答：「清波無透路。」當下克文豁然心開。此時，慧南在高安縣黃檗山寺的積翠庵傳法，克文前往投師，〔註44〕在慧南的門下與首座洪英齊名。克文參依慧南一段時日後，又告辭慧南，寓止於翠巖的順禪師，順禪師曾勉勵克文：「臨濟欲仆，子力能支之，厚自愛。」慧南到黃龍山後，克文再次前往省觀，慧南去世後，克文南遊於衡嶽，歸來後擔任仰山首座。

宋神宗熙寧五年（1072），他住持筠州（今高安縣）大愚寺，〔註45〕之後又應知縣錢弋之請，先後二十年間，分別住持於聖壽寺和洞山普和禪院。元豐末年，克文思取水路往東吳（今江蘇省江南一帶），〔註46〕到金陵（今南京）時，拜謁丞相王安石，與王安石相談甚契，王安石因此捨宅第為報寧寺，延請克文為住持，並奏請神宗賜克文以紫袈裟及「真淨大師」之名號。克文在報寧寺時，以學者、士大夫遊歷無虛日，不堪勞累而回到高安，居於九峰山下的投老庵。其後曾居於歸宗、泐潭，不久便退居雲庵。徽宗崇寧元年卒，年七十八歲。〔註47〕

克文生平及禪法見於《禪林僧寶傳》卷第二十三、《石門文字禪》卷三十〈雲庵真淨和尚行狀〉、《續燈錄》十五、《五燈會元》卷第十七、《古尊宿語》卷四十二至四十五。

### （二）生死禪法──自悟成佛、性自常存

#### 1. 自悟成佛

克文一貫禪宗之道，以自性本來作佛，眾生本具佛性，自悟自成佛。關於克文的禪法，楊曾文認為具有三個特色，其中之一是強調人人可以自悟成

---

印書館，1965年），頁334。
〔註44〕宋・惠洪，《禪林僧寶傳》，頁413～414：時南禪師在積翠。師造焉，南公問：「從什麼處來？」對曰：「潙山。」南曰：「恰值老僧不在。」進曰：「未審向什麼處去？」南曰：「天台普請。南嶽雲遊。」曰：「若然者，學人亦得自在去也。」南公曰：「腳下鞋是何處得來？」曰：「廬山七百錢唱得。」南公曰：「何曾自在？」師指曰：「何曾不自在耶？」南公駭異之。于時洪英首座，機鋒不可觸，與師齊名。英邵武人，眾中號英邵武。文關西。
〔註45〕宋・洪覺範，《石門文字禪》，頁334。
〔註46〕宋・洪覺範，《石門文字禪》，頁334。
〔註47〕以上除注明出處外，主要依據《禪林僧寶》卷二十三，頁413～416，並參考《石門文字禪》卷三十〈雲庵真淨和尚行狀〉、《五燈會元》卷十七。

佛，人人是佛。〔註48〕克文應王安石兄弟之請，住持金陵報寧寺，在開堂時
說法：

> 大眾，今日一會要知麼？是大眾成佛時節，淨緣際會，大丞相荊國
> 公及判府左丞，施宅舍園林，爲佛刹禪門，固請大善知識開演西來
> 祖道。所以教外別傳，直指大眾，即心見性成佛。大眾信得及麼？
> 若自信得及，即知自性本來作佛。……直是達磨西來，亦無禪可傳。
> 唯只要大眾自悟自成佛，自建立一切禪道。〔註49〕

克文在說法中，宣說「即心見性成佛」，這種眾生本具佛性的的道理，還多見
於其他平日的說法中，如「我不敢輕於汝等。汝等皆當作佛故」〔註50〕、「各
悟自己性無生，人人當下成佛訖」〔註51〕。又如：

> 諸佛子！無禪可參，無法可學，棄本逐末，區區客作，不如歸去來，
> 識取自家城郭。城中自有法王尊，一呼百諾，髻晃明月珠，手振黃
> 金鐸，還要一切群生自家醒覺。來！來！應是從前佛法知見一時放
> 卻，乃得自己毘盧心印明廓。〔註52〕

他勉勵學人對自性要「識取自家城廓」，而這個「自悟是佛」的事，他說：「此
個事，學不得、教不得、傳不得，須是悟得也。」〔註53〕這也正是慧南「得
不得、傳不傳」的禪旨。

除了繼承禪家「自悟成佛」的一貫說法，克文認爲自悟即得了脫生死，
而僧人出家行腳，是「決擇生死」之事：

> 出家門中也須子（仔）細，不得茶鹵。一等行腳，離鄉別井，出一
> 叢林，入一叢林，訪尋善知識，決擇生死，直須子細。〔註54〕

出家行腳，出入叢林，無非是決擇生死之事，參禪亦是爲了能「出生死轍」。
他在結夏日上堂說：

> 十方聚會，三月一結。息狂妄心，除苦惱熱，獲勝清涼，證大寂滅，

---

〔註48〕 楊曾文，《宋元禪宗史》，頁332～333：楊曾文認爲最具有特色的三點是強調
人人可以自悟成佛，人人是佛，及一字關和巧用詩偈。

〔註49〕 宋・賾藏主集，《古尊宿語錄》卷第四十三《佛光大藏經・禪藏》（高雄：佛
光出版社，1994年12月），頁1839～1840。

〔註50〕 宋・賾藏主集，《古尊宿語錄》卷第四十二，頁1875。

〔註51〕 宋・賾藏主集，《古尊宿語錄》卷第四十四，頁1885。

〔註52〕 宋・賾藏主集，《古尊宿語錄》卷第四十二，頁1805。

〔註53〕 宋・賾藏主集，《古尊宿語錄》卷第四十二，頁1813。

〔註54〕 宋・賾藏主集，《古尊宿語錄》卷第四十三，頁1879。

到波羅岸，出生死轍。〔註55〕

學禪既是出離生死，克文在對生死的教法中，在發悟自家寶藏上的基礎上，對自性的描述有「性自常存」的闡述。

### 2. 性自常存

眾生的自性本自常存，只因為不悟，所以在生死中流轉。對自性恒常性的描述上，有一回上堂：

> 僧問：「乾坤之內，宇宙之間，中有一寶，秘在形山。山即不問，如何是寶？」師云：「闍黎終日騎牛不識牛。」……復云：「那一寶，非今非古，非僧非俗，非男非女，十二時中光明烜赫。」〔註56〕

「中有一寶」是對自性的另稱，自性無時不在，不悟自性，即如終日騎牛而不識牛。而對「中有一寶」的描述上，自性的「非今非古」，正說明了自性的恒常性。在〈上高李居士求頌〉中，他說：「唯心即佛，靈妙難窮。長生不死，人性皆同。」〔註57〕即心是佛，佛性的靈妙難以窮盡，而其常生不死的特性是人人盡同的。克文在上堂時說：

> 方經七月十五，已是八月中秋，徒知暑往寒來，人老區區未休。休！休！看看便是結交頭。大眾！丹霞老道底，百骸俱潰散，一物鎮長靈。〔註58〕

「百骸俱潰散，一物鎮長靈」兩句，是引述丹霞（739～824）〈玩珠吟〉〔註59〕的詩偈，「百骸」指肉身，「一物」即自性。肉身雖有潰散，但自性不隨之潰散死亡，而是恒常存在的。在〈答靖安黃尉問疾〉中說：

> 老病連綿發，寧忘苦惱縈。百骸雖朽敗，一物卻精明。〔註60〕

他寫自己的老病連綿，雖然難免苦惱，但仍有精明不病的「一物」。詩的後兩句，很顯然也是摘取自丹霞的「百骸俱潰散，一物鎮長靈」。住金陵報寧寺時，一次上堂：

> 今朝十一月，節候又嚴冬，倏忽光陰過，死生君自看。是日已過，命亦隨減，如少水魚，斯有何樂？須知人人赤肉團上有一物，能隨

---

〔註55〕宋・賾藏主集，《古尊宿語錄》卷第四十二，頁1823。

〔註56〕宋・賾藏主集，《古尊宿語錄》卷第四十三，頁1856。

〔註57〕宋・賾藏主集，《古尊宿語錄》卷第四十五，頁1931。

〔註58〕宋・賾藏主集，《古尊宿語錄》卷第四十二，頁1802。

〔註59〕宋・道原，《景德傳燈錄》卷三十，頁1936。

〔註60〕宋・賾藏主集，《古尊宿語錄》卷第四十五，頁1963。

萬事變，不逐四時凋。且道是什麼？〔註61〕

這種「赤肉團上有一物」的恆常性，超越時間上的寒來暑往，也常見於克文的說法中。如：「十月十五，迎寒送暑。唯有這箇，不來不去。該天括地，亘今亘古。雖則全彰，要且不露。」〔註62〕「今朝又是九月一，暑往寒來春復秋。須信人人一段事，不同時節逐遷流。」〔註63〕這都一再說明自性常存的道理。自性既是常存，只要直下識取自性，則自然可以知道生死不相干的道理，所以他說：「但直下識取自己常住真心性淨明體，則自然生死不相關。」〔註64〕

### （三）臨終偈

徽宗崇寧元年（1102）十月示疾，去世的前一天，他料理自己平日的玩好道具，一件件的分送給門下的弟子。臨終時，弟子請克文說法，克文笑著說偈，然後在囑誡完一些宗門大事後去世。〔註65〕克文的〈遺偈〉是：

今年七十八，四大相離別。火風既分散，臨行休更說。〔註66〕

克文首先敘述他的年齡，然後再說明死亡只是「四大相離別」。人的色身由地、水、火、風所假合，臨終之際，四大開始分散，所以，死亡的只是這個四大假合的色身而已。在克文的生死禪法中，他教示學人要自悟，自悟即得了脫生死，認識人的自性是恒自常存，與生死是不相干的。所以，他在〈遺偈〉中認為，既然死亡只是四大的分散，臨行之際就不必再多說甚麼了吧。

## 三、死心悟新

### （一）死心悟新生平

悟新〔註67〕（1043～1115）壯年時在佛陀院落髮，受完具足戒後，對朋友說：「為僧當慕世出世法，安可汩汩於鄉井中？」於是便開始遊歷叢林。他最初參謁棲賢秀鐵，雖然受到鐵面秀的器重，但他沒有留意，〔註68〕又於熙

---

〔註61〕宋・賾藏主集，《古尊宿語錄》卷第四十四，頁1888。

〔註62〕宋・賾藏主集，《古尊宿語錄》卷第四十二，頁1804。

〔註63〕宋・賾藏主集，《古尊宿語錄》卷第四十四，頁1886。

〔註64〕宋・賾藏主集，《古尊宿語錄》卷第四十四，頁1891。

〔註65〕依據宋・惠洪，《禪林僧寶傳》卷二十三〈泐潭真淨文禪師〉，頁416。

〔註66〕宋・惠洪，《禪林僧寶傳》卷第四十五，頁416。

〔註67〕韶州曲江縣（今廣東韶關）人，俗姓黃，《補禪林僧寶傳》云王氏。

〔註68〕宋・慶老撰，《補禪林僧寶傳》《佛光大藏經・禪藏》（高雄：佛光出版社，1994

寧八年（1075）至黃龍參謁祖心禪師。

有一天，他在和祖心談辯，說：「某到此弓折箭盡，望和尚慈悲，指個安樂處。」祖心說：「一塵飛而翳天，一芥墮而翳地。安樂處政（正）忌上座許多古董，直須死卻無量劫來全〔註69〕心乃可耳。」悟新當時並未有悟。一日，悟新默坐間，聽見知事捶打行者，有如迅雷忽震一般，頓時大悟。他忘了穿上鞋子，便急著去見祖心，悟新稱自己：「天下人總是參得底禪，某是悟得底。」祖心笑著予以認可。自此，悟新便自號為「死心叟」，題榜自己的居所為「死心室」。〔註70〕

他在祖心身邊服侍十八年，始命分座。他於離開黃龍後，徧登叢林諸禪師之門，對談間機語超絕。宋哲宗元祐七年（1092），他住在分寧縣雲巖禪院。紹聖四年（1097）移往洪州西山（今江西新建縣）的翠巖寺，後又曾回到雲巖禪院。政和初年（1111），遷住於黃龍，因為疾病退居於晦堂，卒於徽宗政和五年（1115），年七十二歲。〔註71〕

悟新生平及禪法見於《嘉泰普燈錄》卷第六、《五燈會元》卷第十七、《補禪林僧寶傳》、《聯燈會要》卷第十五、《死心悟新禪師語錄》、《續古尊宿語要》等。

### （二）生死禪法 —— 死心

悟新在說法中，每以了脫生死為教。悟新曾以生動的口語，宣說臨死的痛苦：「莫教一頓病，打在延壽堂內，如落湯螃蟹，手忙腳亂。見神見鬼。」〔註72〕在《遷住黃龍語錄》中，他說：

> 忽然病在床上，臨死之時，喉嚨裡氣，接上接下，四大又動不得，
> 口裡又說不得，平生學底言語，到這裡總用不著。……箇什麼痴漢，
> 有箇死在頭上，作麼生免得？閻老子又不是你爺，你何不自家救取。
>
> 〔註73〕

---

年12月），頁510。

〔註69〕 宋‧慶老撰，《補禪林僧寶傳》，頁511，作「偷」。

〔註70〕 宋‧慶老撰，《補禪林僧寶傳》，頁511。

〔註71〕 以上除注明出處外，主要依據《嘉泰普燈錄》卷第六，頁239～245，並參考《補禪林僧寶傳》、《五燈會元》卷十七、《聯燈會要》卷十五。

〔註72〕 宋‧子和錄，仲介重編，《死心悟新禪師語錄》，收入《禪宗集成》14（台北：藝文印書館，1968年版），頁9408。

〔註73〕 宋‧子和錄，仲介重編，《死心悟新禪師語錄》，頁9410～9411。

悟新警戒學人生死大事當自己救取，他認爲生死解脫之道，不在「平生學底言語」〔註74〕，也不在書本上，他說：「禪道不在策子上，縱饒念得一大藏教，諸子百家，也只是閑言語，臨死之時，總用不著。」〔註75〕從悟新開悟後的自述及語錄，可以看出他解脫生死的禪法乃在於「死心」。

祖心教誨悟新「直須死卻無量劫來全心乃可耳」，「死心」者，即是死卻從無量劫以來的這個「全心」。「全心」在《補禪林僧寶傳》作「偷心」〔註76〕，據《佛祖歷代通載》卷十九記載，悟新說：「今之學者未脫生死，病在於何？偷心未死耳。」又說：「古之學者言在脫生死，效在什處？偷心已死。」〔註77〕故而這個「全心」亦作「偷心」。「偷心」是禪林的用語，原指偷盜之心；於禪林中轉指向外分別之心，係對動念之貶責，又對於向外尋求不止之心，稱爲「偷心未止」、「偷心猶未止」。〔註78〕所以這裡說的「偷心」，應是心的無明作用。他說：「祖師門下，圓同大虛，無欠無餘，良由取捨，所以不如。是以真如無動，動用三界之中。」〔註79〕因此，「死心」就是要放下這個心的無明作用。他說：

> 你諸人要參禪麼，須是放下著。放下箇什麼？放下箇四大五蘊、放下無量劫來許多業識。向自己腳根下推窮看，是什麼道理。推來推去，忽然心華發明，照十方刹，可謂得之於心，應之於手，便能變大地作黃金，攪長河爲酥酪，豈不暢快平生。〔註80〕

他要學人放下四大五蘊、放下無量劫以來許多業識。「放下」是方法，即至放下以後，再經「向自己腳根下推窮看」的過程，則可「心華發明，照十方刹」，這種「死心」或「放下」的說法常見於語錄：

> 只爲法不生，是故心長死。徹底絕絲毫，即是真夫子。〔註81〕

如〈死心室〉：

---

〔註74〕 宋・子和錄，仲介重編，《死心悟新禪師語錄》，頁9411。
〔註75〕 宋・子和錄，仲介重編，《死心悟新禪師語錄》，頁9409～9410。
〔註76〕 宋・慶老撰，《補禪林僧寶傳》，頁511。
〔註77〕 元・念常撰，《佛祖歷代通載》卷十九，收入王雲五主持《四庫全書珍本三集》（臺北：臺灣商務印書館，1883年），頁56。
〔註78〕 《佛光大辭典》第三版名相釋文。http://etext.fgs.org.tw/etext6/search-1-detail.asp?DINDEX=14438&DTITLE=偷心
〔註79〕 宋・子和錄，仲介重編，《死心悟新禪師語錄》，頁9407。
〔註80〕 宋・子和錄，仲介重編，《死心悟新禪師語錄》，頁9409。
〔註81〕 宋・子和錄，仲介重編，《死心悟新禪師語錄》，頁9414。

死心心死死全心，死得全心一室深。密把鴛鴦閑繡出，從他人競覓

金針。〔註82〕

對悟新來說，「死心」是一種修為，待得「死心」後，他以「一室深」形容自家的真如妙體，即是以「死心」來悟及自己的本體，也是自己的真如、法身。這種悟後的本體之用，就如金針繡出鴛鴦一樣的妙用。如〈和靈源瞌睡歌〉：

南北東西本自心，本心已死從何起。假饒互換現千差，也是從來自

家底。自家底不曾失，亙古亙今休更詰。任他百怪出頭來，寂然一

照明如日。識此靈源瞌睡歌，混入塵中體堅密。〔註83〕

世間物象都是自心的呈現，當自心不起作用，妄想就無從而起。萬象縱然遷變差異，也都是在自心的涵容之中，而自心本來就亙古存在，不曾有過得失。「寂然一照明如日」和「一室深」一樣，都是對本體真如的描述，他要學人在動用處，識得這個本體的堅密。

在宋徽宗政和初年（1111），悟新回到黃龍擔任住持，後因病退居晦堂。有乞末後句者，悟新寫偈云：

末後一句子，直須心路絕。六根門既空，萬法無生滅。于此徹其源，

不須求解脫。生平愛罵人，只為長快活。〔註84〕

此末後句中的「心路絕」，亦是「死心」之意，即是放下對六根六塵的執著，萬法自然就無從生起。當妄想不起作用時，即可徹達本心之源，到達這個境地，自然可以不求解脫而自得解脫。

## （三）臨終偈

悟新在徽宗政和五年（1115）的春天，某日他對侍者說：「今年有一件好事。」大家都猜不到他的意思。到了這年的十二月十三日，他先為在默照堂的法弟靈源惟清準備食物，又回覆了故人的書信，並巡寮及小參，作〈師臨歸寂小參示眾〉勸諭學人。十四日到白石莊，當侍者請悟新歸寺時，悟新說：「大千為家，何以歸為？」大眾譁然，以為悟新臥病不起，馬上傳呼僧醫趕來，這時悟新叱拒僧醫的診治，趺坐而化。〔註85〕其〈師臨歸寂小參示眾〉云：

---

〔註82〕宋‧子和錄，仲介重編，《死心悟新禪師語錄》，頁9413。

〔註83〕宋‧子和錄，仲介重編，《死心悟新禪師語錄》，頁9413。

〔註84〕宋‧慶老，《補禪林僧寶傳》，頁513。

〔註85〕依據《嘉泰普燈錄》卷第六，頁245。

說時七顛八倒，默時落二落三。爲報五湖高士〔註86〕，心王自在休參。〔註87〕

悟新的臨終所作，先是謙稱自己在勸諭學人時，說時或七顛八倒，默時或落二落三，語默間皆非完整，因爲禪道非語言所能傳述。他曾說：「言言見諦，句句咸宗，也只是口傳心授底葛藤，祖師門下，總用不著。」〔註88〕而爲了報答四方學人，他只能以一句「心王自在休參」，作爲臨終最後的開示。

對「心王」〔註89〕的描寫，傅大士〔註90〕的〈心王銘〉〔註91〕是闡明心性根本之作。其〈心王銘〉有云：「水中鹽味，色裏膠青，決定是有，不見其形。心王亦爾，身內居停，面門出入，應物隨情，自在無礙，所作皆成。」〔註92〕此外，永明延壽〔註93〕論說心王，說：「苦中之鹹味，物物圓通，猶色裏之膠青，門門具足。」〔註94〕故知心王總持一切，一切諸行諸想所應，皆是心王之「數」。〔註95〕

孔維勤認爲「王數」即佛事，心王即佛，是心是佛，是心作佛。〔註96〕故而可知，「心王」就是心的自體。「心王自在」即「本心」自在。《達摩血脈論》：「此心號名法性，亦名解脫，生死不拘，一切法拘它不得，是名大自在

---

〔註86〕《嘉泰普燈錄》作「禪客」。
〔註87〕宋‧子和錄，仲介重編，《死心悟新禪師語錄》，頁 9415。
〔註88〕宋‧子和錄，仲介重編，《死心悟新禪師語錄》，頁 9402。
〔註89〕有部及法相宗等所列五位法中之心法。相對「心所」而言，六識或八識之識體自身稱爲心王。意爲精神作用之主體。說一切有部以眼、耳、鼻、舌、身、意等六識之識體爲一，故列心王爲一；法相宗以八識（六識加末那識、阿賴耶識）各有識體，故列心王爲八。〔百法明門論忠疏卷上、百法明門論疏卷上〕。
〔註90〕南朝梁代禪宗著名之尊宿。浙江省義烏市人也，本名傳翕、字玄風、號普慧。又稱善慧大士、魚行大士、傅大士、雙林大士、東陽大士、烏傷大士。與寶誌共稱爲梁代二大士。
〔註91〕收集於《景德傳燈錄》卷三十，與《五燈會元》卷二。全篇爲四言八十六句三百四十四字之韻文體，說明即心即佛之玄理，以明心外無佛可求之旨。
〔註92〕宋‧道原，《景德傳燈錄》卷第三十，頁 1901。
〔註93〕生於五代吳越國，時人號稱「慈氏下生」，著有「宗鏡錄」聞名於世，其學匯華華嚴、天台、慈恩三家，開宋初融和思潮之先河。
〔註94〕永明著，《心賦注》收入《禪宗集成》1（台北：藝文印書館，1968 年版），頁 227。
〔註95〕孔維勤，〈宋釋永明延壽論心王義至八識之展開〉《華岡佛學學報》第 6 期，1983 年 7 出版頁 418。
〔註96〕孔維勤，〈宋釋永明延壽論心王義至八識之展開〉，頁 418。

王如來。……」〔註97〕心的法性有一切法不可拘的自在性，悟新承禪宗祖師之教，主張頓悟自性，永斷生死，而得到解脫自在。他說：

> 但頓悟本心，自然成現。……只要你達自本心，見自本性，永脫死生，歸家穩坐，若得到家，須知家裏事。既知家裏事，於一切處鍊教成熟，似一頭露地白牛〔註98〕去，然後觸著便發，方有自由自在分。〔註99〕

在這段文字中，悟新教示學人要先自達本心，歸家穩坐，若能歸家知家裡事，自然能夠得到解脫自在。從悟新的生死禪法可知，「死心」解脫生死的方法，他要學人死去向外分別的偷心，即是以「死心」之後，來悟及自己的真如本體，而臨終偈的「心王自在」則是經過「死心」的禪悟後，所呈現出「但頓悟本心，自然成現」〔註100〕的大自在境界。

## 四、兜率從悅

### （一）兜率從悅生平

從悅〔註101〕（1044～1091）小時多病，父母便許願讓他出家為僧，依學於郡西普圓院的德嵩禪師。他十五歲剃度，十六歲受具足戒，於賢法師座下修學止觀。賢法師以從悅為「法船」之器，而自己的學力無法成就從悅，於是鼓勵從悅效法善財童子一樣去遍參善知識，從悅於是遊歷諸方叢林。

據《聯燈會要》卷十五，他到潭州參謁雲蓋山守智禪師，並依從守智的指示，前往洞山參謁克文禪師，跟從克文學習禪法，並領受禪宗的奧旨。〔註102〕有一次，從悅帶著徒眾到鹿苑寺，於鹿苑寺中遇見石霜楚圓的弟子清素，清素曾在楚圓身邊擔任十三年的侍者，隱居不與人交往。從悅獲知其身分後疑駭作禮，並恭謹請教，清素於是為從悅說法，累月之後，從悅獲得清素的印可。

---

〔註97〕梁・菩提達磨，《達摩血脈論》，頁7。
〔註98〕吳汝鈞編著，《佛教思想大辭典》，頁564：露地白牛，屋外的大白牛車。《法華經》譬喻品所說，指一乘佛教。在禪則指清淨法身。
〔註99〕宋・子和錄，仲介重編，《死心悟新禪師語錄》，頁9412。
〔註100〕宋・子和錄，仲介重編，《死心悟新禪師語錄》，頁9412。
〔註101〕俗性熊，贛城（今江西贛州）人。
〔註102〕宋・悟明集，《聯燈會要》《佛光大藏經・禪藏》（高雄：佛光出版社，1994年12月）頁774～775。

　　元祐元年（1086），從悅在廬山棲賢寺擔任首座，熊伯通出任洪州，延請從悅到分寧縣擔任兜率寺的住持。據《嘉泰普燈錄》卷二十三記載，元祐六年（1091）八月，張商英赴任江南都轉運史途中，至分寧縣的雲巖寺（在江西南昌府寧州），請在分寧縣的五院長老〔註103〕登壇說法。從悅在登座說法中，獲得張商英的賞識，從而跟隨從悅到兜率寺住宿參禪。張商英夜半作偈，獲得從悅的印可，從悅又作長偈給張商英，囑說參禪該注意的至微極細之處，張商英甚爲感動。〔註104〕從悅和張商英論禪的時間並不長，但對張商英的禪境，卻有相當大的影響。〔註105〕從悅卒於哲宗元祐六年（1091）的多天，年四十八歲。〔註106〕張商英作祭文，並於宋徽宗大觀四年（1110）拜相後，奏請徽宗賜從悅「眞寂」的諡號。

　　從悅生平及禪法見於《嘉泰普燈錄》卷第七、《建中靖國續燈錄》卷第二十三、《聯燈會要》卷第十五、《五燈會元》卷第十七、《續古尊宿語》卷一。

## （二）生死禪法──兜率三關、聖凡盡殺

### 1. 兜率三關

從悅門庭設三關語以驗學者：

　　其一曰：「撥草瞻〔註107〕風，只圖見性，即今上人性在甚麼處？」

　　其二曰：「識得自性，方脫生死，眼光落地時〔註108〕作麼生脫？」

　　其三曰：「脫得生死，便知去處，四大分離向甚麼處去？」〔註109〕

從悅的三問，分別問在「即今性在甚麼處」、「死亡時作麼生脫」、「死亡後向

---

〔註103〕黃啓江，〈張商英護法的歷史意義〉《中華佛學學報》第九期（1996.07.出版）頁133，注31：考察這五位名禪，究竟爲誰，僧傳並未交代。但考各燈錄之記載，知這五位名僧當包括廬山東林寺的照覺常總、歸宗寺的眞淨克文、及他從潭州請來住持洪州觀音寺的靈源惟清。唯常總不久即告遷化。

〔註104〕宋・正受，《嘉泰普燈錄》卷第二十三，頁865～867。

〔註105〕蔣義斌，〈張商英護法論中的歷史思維〉，佛學研究中心學報第三期（1998年），頁138。

〔註106〕以上除注明出處外，主要依據《嘉泰普燈錄》卷七，頁269～273，並參考《五燈會元》卷第十七、《建中靖國續燈錄》卷二十三、《聯燈會要》卷十五。

〔註107〕《五燈會元》卷第十七：「瞻」，清藏本、續藏本均作「擔」。

〔註108〕禪宗多以臘月三十日，眼光落地時說死亡，如大慧宗杲語錄卷二十四：「以參禪學道不爲別事，只要臘月三十日，眼光落地時，這一片田地四至界分，著實分明，非同資談柄作戲。」

〔註109〕宋・正受，《嘉泰普燈錄》卷第七，頁273。

甚麼處去」。這三問皆與生死有關，見性是爲了了脫生死，見性後對色身的死
亡如何解脫，以及死亡後的去處。對這第一問，張商英以頌答之：

> 陰森夏木杜鵑鳴，日破浮雲宇宙清。莫對曾參問曾晳，從來孝子諱
> 爺名。〔註110〕

自性是萬法所由生，夏木陰森杜鵑鳴叫，這些現象無不是性的作用，若能見
性之用，性的本體就像太陽照破浮雲，宇宙自是一片清平。體用之間的關係
就如同父子，子由父生，由用知體，而自性之本體，是不可以用言語文字來
表述的。

對這第二問，張商英所答之頌：

> 人間鬼使符來取，天上花冠色正萎。〔註111〕好箇轉身時節子，莫教
> 閻老等閑知。〔註112〕

人與天人壽命都有盡時，當壽命盡時，將向何處去呢？張商英稱此時爲「好
個轉身時節子」，指此時正好放下，直取涅槃。

對這第三問，張商英所答之頌：

> 鼓合東村李大妻，西風曠野淚沾衣。碧蘆紅蓼江南岸，卻作張三坐
> 釣磯。〔註113〕

在送葬的鼓聲中，東村李大的妻子，在西風曠野裡悲泣，而歲月輪轉間，李
大卻已化作張三，坐釣在碧蘆紅蓼的江南岸邊。

## 2. 聖凡盡殺

從悅的禪法，主要表現在他開示張商英的「是非情盡，凡聖皆除」，〔註
114〕亦即他臨終偈中的「聖凡盡殺」的意思。「聖凡盡殺」就是泯除凡聖的差
別，是禪宗修持二入的「理入」。《菩提達磨大師略辨大乘入道四行觀》：

> 理入者，謂藉教悟宗，深信含生同一眞性，但爲客塵妄想所覆，不
> 能顯了。若也捨妄歸眞，凝住壁觀，無自無他，凡聖等一，堅住不
> 移，更不隨文教，此即與理冥符，無有分別，寂然無爲，名曰理入。
> 〔註115〕

---

〔註110〕明·朱時恩，《居士分燈錄》卷下，頁307。
〔註111〕天人將逝時有衰相：天人頂上三花萎敗、腋下汗臭、不樂本座。
〔註112〕明·朱時恩，《居士分燈錄》卷下，頁307。
〔註113〕明·朱時恩，《居士分燈錄》卷下，頁307。
〔註114〕明·朱時恩，《居士分燈錄》卷下，頁307。
〔註115〕梁·菩提達磨，《菩提達磨大師略辨大乘入道四行觀》，頁1。

「理入」謂眾生深信本有眞性，泯除種種分別差異，凡聖不二，而能入於理。從悅在說法中獲得張商英的賞識，張商英從而跟隨從悅到兜率寺住宿參禪。張商英夜半作偈，獲得從悅的印可，並作偈頌給張商英：

> 等閒行處，步步皆如。雖居聲色，寧滯有無。一心靡異，萬法非殊。
> 休分體用，莫擇精粗。臨機不礙，應物無拘。是非情盡，凡聖皆除。
> 誰得誰失，何親何疏。拈頭作尾，指實爲虛。翻身魔界，轉腳邪塗。
> 了無逆順，不犯工夫。〔註116〕

這首偈中，從悅向張商英說明在參禪時，應該注意的至微極細之處。他認爲在每個行處中，要「休分體用，莫擇精粗」、要「是非情盡，凡聖皆除」。楊曾文認爲這首偈頌發揮大乘佛教的眞如緣起和相即不二的觀點，認爲既然一切是眞如本體的顯現，從根本上來說，所有外在的差別都具有相對的意義，應當從彼此圓融無礙的觀點來看待是非、凡聖、得失、親疏、逆順等等，這樣才能做到「臨機不礙，應物無拘」，否則將難以擺脫生死煩惱。〔註117〕

除了大乘佛教的眞如緣起和相即不二的觀點之外，從悅的禪法，也在於擺脫聖賢的舊路。他說：「兜率雖無定度，不踏聖賢舊路。」〔註118〕一次在上堂時，舉傅大士之偈〔註119〕並開示曰：

> 豈知道本色衲僧，塞卻佛祖窟，打破玄妙門，跳出斷常坑，不依清
> 淨界，都無一物，獨奮雙拳，海上橫行，建家立國。〔註120〕

從悅要學人展現衲僧的本色，不依佛祖言教，要在都無一物依傍處，如在海上橫行，建家立國。他曾說：「衲僧袖裡神鋒，截斷有句無句。隨宜獨立眞規，處處清風滿路。」〔註121〕這也正是他「聖凡盡殺」的門風。

### （三）臨終偈

從悅於哲宗元祐六年（1091）冬天，於澡浴說偈後去世。從悅去世後，他的弟子原本想遵從從悅的遺誡，火化後將骨灰散入江中。但張商英接到訃

---

〔註116〕明・朱時恩，《居士分燈錄》卷下，頁307。
〔註117〕楊曾文，《宋元禪宗史》，頁534。
〔註118〕宋・正受，《嘉泰普燈錄》卷第七，頁271。
〔註119〕傅大士之偈：「夜夜抱佛眠，朝朝還共起。起坐鎮相隨，語默同居止……欲識佛去處，只這語聲是。」
〔註120〕宋・正受，《嘉泰普燈錄》卷第七，頁272。
〔註121〕宋・惟白，《建中靖國續燈錄》卷第二十三，頁1033。

聞後爲之慟哭，他說：「老師於祖宗門下有大道力，不可使來者無所取敬。」
〔註122〕於是建塔於龍安的乳峰。從悅的〈辭眾偈〉：

　　　四十有八，聖凡盡殺。不是英雄，龍安路滑。〔註123〕

　　從悅以「聖凡盡殺」爲解脫生死的禪法，張商英開悟後，從悅寫偈教以
「是非情盡，凡聖皆除」，從悅臨終偈中，又以「聖凡盡殺」自寫證境及門
風。
　　「龍安」爲兜率禪寺所在，也是從悅的自稱，兜率從悅又稱龍安悅禪師。
「路滑」的公案，出自唐代禪宗道一禪師對希遷禪師的贊美，〔註124〕道一以
「石頭路滑」來讚許希遷機辯敏捷的禪風，而「龍安路滑」，則是從悅對龍安
門風的自許，他認爲龍安的禪風是「聖凡盡殺」，這是只有英雄方能踐履的。
從悅的臨終偈中除了重申「聖凡盡殺」的生死禪法之外，也充滿了他對其門
風的自許。

## 五、張商英

### （一）張商英生平

　　張商英（1043～1122）〔註125〕字天覺，號無盡居士，蜀州新津（今屬四
川）人。《宋史》說他：「長身偉然，姿采如峙玉，負氣俶儻，豪視一世。」〔註
126〕英宗治平二年（1065）舉進士，〔註127〕神宗熙寧四年（1071）權檢正中
書禮房公事。五年（1072）擢升監察御史，其後因事被貶降爲監荊南稅。在
元豐初得以回朝任館閣校勘、檢正中書刑房，不久又責監江陵縣稅。
　　哲宗元祐元年（1086）哲宗十歲即位，祖母高太后垂簾聽政，開始重用
司馬光、呂公著、文彥博、范純仁、呂大防等人，廢除神宗朝的新政，並且
貶斥相關的官吏。張商英於元祐二年（1087）被貶爲提點河東刑獄，後轉任

---

〔註122〕宋・正受編，《嘉泰普燈錄》卷第七，頁273。
〔註123〕宋・正受編，《嘉泰普燈錄》卷第七，頁273。
〔註124〕師承南嶽懷讓大師的馬祖道一禪師，和承繼青原行思禪師法嗣的石頭希遷禪
　　　　師，並稱爲「南宗二大士」。
〔註125〕元・脫脫，《宋史》卷351〈張商英傳〉謂：「宣和三年卒，年七十九年」，
　　　　《大慧普覺禪師年譜》記載無盡於宣和二年十一月薨背，《嘉泰普燈錄》卷
　　　　二十三〈張商英〉、念常《佛祖歷代通載》、朱時恩《居士分燈錄》、彭際清
　　　　《居士傳》，俱載張商英卒於宣和四年十一月。故張商英之卒年，暫定於宣
　　　　和四年。
〔註126〕元・脫脫，《宋史》卷三五一，頁11095。
〔註127〕《名臣碑傳琬琰集》下卷一六〈張少保商英傳〉。

河北、江南、淮南三路轉運使。哲宗在紹聖元年（1094）親政，以章惇爲宰相，恢復新政「青苗」、「免役」等法，張商英被召爲右正言、左司諫。紹聖二年（1095），因事謫貶監江寧酒稅，起知洪州，元符元年（1098）爲江淮荊浙等路發運使。宋徽宗即位（1101）入朝爲中書舍人，歷翰林學士，尚書右丞、左丞，後因與宰相蔡京不合，被貶知亳州（今安徽），入元祐黨籍。

大觀三年（1110）蔡京被罷相，以張商英爲龍圖閣學士，知杭州。翌年爲資政殿學士、中書侍郎、尚書右僕射。政和元年（1111）因與僧德洪、客彭几言語往來，被貶知河南府，又改知鄧州，再貶汝州團練副使，衡陽安置。宣和四年（1122）去世，年七十九歲，贈少保。〔註128〕

張商英與佛教關係至深，他不但深究佛理，與僧侶交遊，興革禪刹，提拔叢林後進，並作《護法論》一卷。有文集一百卷（《宋史‧藝文志》），已佚，《兩宋名賢小集》輯有《友松閣遺稿》一卷，《宋史》三五一、《東都事略》卷一百二有傳。

### （二）參禪經過

張商英本不信佛，據《嘉泰普燈錄》卷二十三〈張商英〉的記載，他一日入寺，看見僧人正在拂拭藏經，經夾莊蕭皆爲金字，張商英怫然不悅。後來偶因造訪一位同列，看見佛龕前擺著一部《維摩詰經》，張商英信手翻閱，當他看到「此病非地大，亦不離地大」時，驚嘆：「胡人之語能爾耶！」自此開始留意禪宗道法。

元祐六年（1091），他奉命赴任江左，至東林寺參謁照覺總禪師，總禪師推薦兜率寺的從悅禪師和玉溪寺的紹喜禪師。八月，張商英經過分寧縣，各禪師均來迎接，張商英就將禪師們請至雲巖寺陞堂說法，有偈曰：

> 五老機緣共一方，神鋒名向袖中藏。明朝老將登壇看，便請橫戈戰一場。〔註129〕

從悅最後登座，論說獲得張商英的賞識。張商英當晚到兜率寺，在擬瀑亭上，問：「此是甚處？」從悅答：「擬瀑亭。」張商英問：「捩轉竹筒，水歸何處？」從悅答：「目前薦取。」張商英不解其意，佇立當地思索，從悅說：「佛法不

---

〔註128〕依據《全宋詩》卷九三三，參考《宋史》三五一、《東都事略》卷一百二、《宋史紀事本末》。

〔註129〕宋‧正受，《嘉泰普燈錄》卷二十三〈張商英〉，頁865。

是這個道理。」晚上，兩人交談時，從悅舉德山托鉢〔註 130〕的公案讓張商
英深入參究，張商英悵然無法入眠。及至五鼓，忽然垂腳踢翻了尿盆，猛然
省悟，立時趕到從悅的寢室說：「某已捉得賊了也。」從悅問：「贓物在甚麼
處？」張商英叩門三下。從悅答：「且去，來日相見。」第二天清晨，張商
英投偈云：

　　鼓寂鐘沈托鉢回，巖頭一拶語如雷。果然只得三年活，莫是遭他授

　　記來。〔註 131〕

此詩的大意是說，德山從法堂托鉢回到方丈，又被巖頭全豁用語言一激後，
翌日說法如雷，但德山此後只活了三年，難道是因爲巖頭的預言嗎？這首表
達悟境的偈子，獲得從悅的印可，並寫了一個長偈給張商英。〔註 132〕張商英
對從悅甚爲感戴，邀從悅到建昌，向其請教禪法。元祐六年（1091）十一月，
從悅去世，大觀四年（1110）張商英任爲宰相，奏請皇帝賜給從悅「眞寂」的
謚號。

　　張商英和禪師多有交往，〔註 133〕《嘉泰普燈錄》卷二十三記載，政和五
年（1115）泐潭文準和尙示寂，荼毗後眼睛、牙齒和數珠不壞，大慧宗杲禪師
於是自龍安來拜謁張商英，請張商英作塔銘。〔註 134〕據《居士分燈錄》記載，

---

〔註 130〕宋・普濟，《五燈會元》卷第七，頁 376：雪峰在德山作飯頭，一日飯遲，德
　　　　山擎鉢下法堂。峰曬飯巾次，見德山乃曰：「鐘未鳴，鼓未響，拓鉢向甚麼處
　　　　去？」德山便歸方丈。峰舉似師。師曰：「大小德山未會末後句在。」山聞，
　　　　令侍者喚師去。問：「汝不肯老僧那？」師密啓其意。山乃休。明日陞堂，果
　　　　與尋常不同。師至僧堂前，拊掌大笑曰：「且喜堂頭老漢會末後句，他後天下
　　　　人不奈伊何！雖然，也祇得三年活。」
〔註 131〕宋・正受，《嘉泰普燈錄》卷二十三，頁 866。
〔註 132〕見本文〈兜率從悅章〉。
〔註 133〕黃啓江，〈張商英護法的歷史意義〉中華佛學學報第九期，1996.07.出版，頁
　　　　132：根據《羅湖野錄》《雲臥紀談》《雪堂拾遺錄》《先覺宗乘》《林間錄》
　　　　《嘉泰普燈錄》《禪林寶訓》《石門文字禪》，及《人天寶鑒》綜合其記錄，可
　　　　知與他交遊之主要僧侶，依時間先後，約略有：照覺常總（1025～1091）、玉
　　　　溪慈（生卒年不詳）、兜率從悅（1044～1091）、兜率惠照（1049～1119）、玉
　　　　泉承皓（1011～1091）、普融道平（？～1127）、圜悟克勤（1063～1135）、大
　　　　洪報恩（1058～1111）、丹霞德淳（1064～1117）、眞淨克文（1025～1102）、
　　　　覺范惠洪（1071～1128）、靈源惟清（？～1117）、大慧宗杲（1089～1163）。
〔註 134〕宋・正受，《嘉泰普燈錄》卷二十三，頁 868～869：公曰：「某被罪于此，未
　　　　嘗爲人作文字。今有一問問上座，若道得，即與做塔銘。若道不得，贈公裹
　　　　足，歸龍安參禪去。」杲曰：「請相公垂問。」公曰：「聞準老眼睛不壞，是
　　　　否？」杲曰：「是。」公曰：「我不問這箇眼睛。」杲曰：「未審相公問甚麼眼

他在河南府時，曾與圓悟克勤談華嚴要旨，在善溪時會見覺範慧洪。〔註135〕宣和二年（1120）春天延請大慧宗杲到府中作法喜之遊，並囑咐宗杲「子必見圓悟，吾助子往」〔註136〕，這對宗杲參謁圓悟克勤有決定性的鼓勵。〔註137〕

張商英在生死禪法上，有答從悅禪師三偈，表達禪家體用自在、自性常存之說，〔註138〕在護持佛法上有《護法論》。他在《護法論》中說明儒、釋、道三者「猶鼎足之不可缺一」的道理，並由歷史經驗中歸納出佛教的成功之道，也對當時的佛教提出針砭。除此之外，張商英認為「生死之變人之所畏也」〔註139〕，他在《護法論》中屢言輪迴之道，以為：「六道輪迴，三途果報，由自心造，……一失人身，悔將何及。」〔註140〕以眾生輪迴於六道，故而佛陀因「哀見一切眾生，往來六道，受種種苦，無有已時。故從兜率天宮，示現淨飯國王之家」〔註141〕。在六道輪迴中，「光陰有限，老死忽至，臨危湊亟雖悔奚追。……不聞道，則必流浪生死」〔註142〕。張商英又以人身難得、壽夭未定、人命在須臾之間，未能學道而為虛生浪死之人，背覺合塵有後世淪入惡道之險。天堂地獄與因果報應之說相關，人因為知道有報應之事，則不敢欺心為惡，反而會生起善念之心，減少侵凌爭奪的風氣。因為這些理由，張商英堅持天堂地獄之存在，而否定佛教無益之說。

晴？」公曰：「金剛眼睛。」杲曰：「若是金剛眼睛，在相公筆頭上。」公曰：「恁麼則老夫為他點出光明，令他照天照地去也。」杲趨階曰：「先師多幸，謝相公作塔銘。」公大笑。

〔註135〕蔣義斌，〈張商英〈護法論〉中的歷史思維護法論〉，佛學研究中心學報第三期，1998年，頁138：與張商英關係特別值得注意的，應是覺範德洪，德洪（1071～1128）是北宋著名的僧史家，曾撰《禪林僧寶傳》、《林間錄》、《石門文字禪》等書。德洪為真淨克文弟子，張商英請德洪於峽州王寧寺傳法，張商英曾當面稱讚德洪「今世融肇也」，幾經輾轉，德洪住持江寧府清涼寺，後被誣告為狂僧，張商英任相時，德洪始恢復出家僧人的身分。《宋史》〈張商英傳〉又說：「商英因僧德洪、客彭几與語言往來，事覺，鞫于開封府。」可見二人的交往非淺。

〔註136〕明・朱時恩，《居士分燈錄》，頁309。

〔註137〕宋・雪峰蘊聞編，《大慧普覺禪師年譜》頁643：宣和六年甲辰，當時大慧居太宰庵，圓悟奉命往天寧，大慧：「屢以湛堂、無盡委寄之語以白太宰」，想要先到天寧去等圓悟克勤。

〔註138〕見本文〈兜率從悅章〉。

〔註139〕《緇門警訓》卷三〈洪州寶峰禪院選佛堂記丞相張商英撰〉。

〔註140〕大正新脩大藏經，第五十二冊，No. 2114《護法論》。

〔註141〕大正新脩大藏經，第五十二冊，No. 2114《護法論》。

〔註142〕大正新脩大藏經，第五十二冊，No. 2114《護法論》。

　　張商英不但以宰相之尊爲佛教外護，而他對於禪法的妙悟，亦獲得肯定。元人吳澄（1249～1381）曾說：「宋東都之季，南渡之初，儒而最通佛法者有二張焉，丞相商英，侍郎九成也。」〔註143〕

### （三）臨終偈

　　徽宗宣和四年（1122）十一月，一日黎明，張商英口占遺表，命令子弟書寫下來，然後拿起睡枕擲向門窗，聲音有如雷響，大家驚惶之餘，張商英已然薨逝。〔註144〕其〈臨終偈〉爲：

　　　　幻質朝章八十一，漚生漚滅誰〔註145〕人識。撞破虛空歸去來，鐵牛

　　　　入海無消息。〔註146〕

　　張商英於治平二年（1065）中舉進士，歷仕宋神宗、哲宗、及徽宗三帝。徽宗大觀四年（1110），他繼蔡京之後擔任宰相，以主持政治改革而名重一時。〔註147〕他一生仕宦，貴極人臣，然而這種朝官生涯，到了臨終，他認爲這也只是如夢的「幻質朝章」。在卒年上，他自稱「八十一」歲。〔註148〕接著，張商英把「幻質朝章八十一」，形容成水上的漚泡，有著對泡漚生滅的契理。三四句則筆鋒一轉，陡然拓開，「撞破虛空歸去來，鐵牛入海無消息。」虛空本不可捉，禪宗認爲凡諸有相，皆若夢幻空花，如是知幻即離，心無所取，亦無住著，猶如虛空，而撞破虛空，就是與虛空合一。禪家常言「泥牛入海」，張商英拈作「鐵牛入海」，所指應爲絕蹤跡、斷消息，即一去不返之意。張商英臨終偈的這兩句，頗似正覺禪師於宋哲宗紹聖三年（1096）臨終所作的後兩句：「鐵牛踉跳過新羅，撞破虛空七八片。」〔註149〕所表現的都是對死亡的

〔註143〕吳澄，《吳文正公集》，（商務影印《續藏經》本）卷三十一，〈跋張丞相護佛論〉。

〔註144〕宋・正受，《嘉泰普燈錄》卷二十三，頁866。

〔註145〕《佛祖歷代通載》卷十九作「無」。

〔註146〕《武林梵志》卷八。

〔註147〕《名臣碑傳琬琰集》下卷一六〈張少保商英傳〉：「大觀之政，矯革時弊，天下稱之。」

〔註148〕《宋史》〈張商英傳〉謂：「宣和三年卒，年七十九年」，而《嘉泰普燈錄》卷二十三記載卒年爲七十七歲、《大慧普覺禪師年譜》記載無盡（張商英）於宣和二年十一月薨背，《嘉泰普燈錄》卷二十三、《五燈會元》卷第十八、《佛祖歷代通載》、《居士分燈錄》、《居士傳》俱載張商英卒於宣和四年十一月，若張商英之卒年，定於宣和四年。則其卒年爲八十，亦與其臨終偈之年歲不符，故張商英的生卒年仍待考據。

〔註149〕見於《事實類苑》四十四，全詩：「七十四年如掣電，臨行爲君通一線。鐵牛

超越。

　　張商英在《護法論》中說:「人天路上,以福爲先;生死海中,念佛第一。」〔註150〕《居士分燈錄》卷二記載張商英曾經著作發願文,〔註151〕在《往生集》中,明朝蓮池大師根據張商英的願力修行,說:「雖西方瑞應史未詳錄,而據因以考果,不生西方,將奚生哉?」〔註152〕認爲他必生西方,而將他列入《往生集》。因此,可以看出在宋代時禪宗和淨土宗相互融合的現象。

# 小　結

　　宋代禪宗臨終偈的寫作到黃龍派而大盛,作者達 21 人。在黃龍派的臨終偈中,特色在於參究的方法,以及對「歸」的描述。

## 一、參究方法

　　在慧南時代,禪風已發生重大變化,其表現之一,就是以往「不立文字」、「直指人心」的傳統,已經演變爲以闡揚禪機爲重點,成了「不離文字」的「文字禪」。所以,在這段時期,有些黃龍派的禪師就在臨終偈中,重申自悟本心的禪旨。例如慧南在臨終偈中的「歸根得旨復何言」,主張自性的不可言說、無可傳受性,他強調諸佛和祖師,以及一大藏教所言,都只是假設言詮、詮註不及的,這自性只能「只言自知」。當學人能回歸自性,識心達本時,又何須去尋文追義。除了慧南之外,悟新的「爲報五湖禪客,心王自在休參。」從悅的「四十有八,聖凡盡殺。」道震的「不落思量句,誰人共我參。」都是直指這「三世諸佛,只言自知,一大藏教詮註不及」〔註 153〕的禪旨。

---

　　　　　　**踔**跳過新羅,撞破盧空七八片。」
〔註150〕大正新脩大藏經,第五十二冊,No. 2114《護法論》。
〔註151〕〈發願文〉云:「思此世界,五濁亂心,無正觀力,無了因力,自性唯心,不能悟達,謹遵釋迦世尊金口之教,專念阿彌陀佛,求彼世尊願力攝受,待報滿時,往生極樂,如順水乘舟,不勞自力而至矣。」
〔註152〕明・釋袾宏,《蓮池大師全集》(上海:上海古籍出版社,2011 年),頁 917。
〔註153〕宋・惠泉錄,《黃龍慧南禪師語錄》,頁 9346。

## 二、「歸」的描述

　　在「歸」的描寫上，死亡是一種歸去的說法，已見於雲門宗的廣燈、尼法海。在雲門宗的這兩首偈中，把死亡的回歸，同樣指向「故鄉」，即是以「法身」為歸。

　　「歸」在黃龍派的臨終偈中，有的並未明說歸處，只言歸去的時間，如宗印的「歸去來兮，梅梢雪重。」其他有關的描述則多以「虛空」為歸。例如張商英的「撞破虛空歸去來，鐵牛入海無消息。」智策的「四大既分飛，煙雲任意歸。」系南的「踏破虛空，不留朕跡。」〔註154〕以及梵卿的「臨行莫問棲眞處，南北東西隨處歸。」〔註155〕從這些臨終偈對「歸」的描述上，不但可以看出色身敗壞後，法身的獨立存在，而且也可以從黃龍派臨終偈中，看出對「歸」的描寫，不但充滿了想像，而且展現出灑落不羈、生氣磅礴的氣象，展現出自性與虛空圓融妙合的境界。

---

〔註154〕《全宋詩》十八冊，頁 12221。
〔註155〕《全宋詩》二十冊，頁 13454。